TÉCNICAS DE ENSINO

POR QUE NÃO?

COLEÇÃO
MAGISTÉRIO: FORMAÇÃO E TRABALHO PEDAGÓGICO

Esta coleção que ora apresentamos visa reunir o melhor do pensamento teórico e crítico sobre a formação do educador e sobre seu trabalho, expondo, por meio da diversidade de experiências dos autores que dela participam, um leque de questões de grande relevância para o debate nacional sobre a Educação.

Trabalhando com duas vertentes básicas – magistério/formação profissional e magistério/trabalho pedagógico –, os vários autores enfocam diferentes ângulos da problemática educacional, tais como: a orientação na pré-escola, a educação básica: currículo e ensino, a escola no meio rural, a prática pedagógica e o cotidiano escolar, o estágio supervisionado, a didática do ensino superior etc.

Esperamos assim contribuir para a reflexão dos profissionais da área de educação e do público leitor em geral, visto que nesse campo o questionamento é o primeiro passo na direção da melhoria da qualidade do ensino, o que afeta todos nós e o país.

Ilma Passos Alencastro Veiga
Coordenadora

ANTÔNIO FELTRAN FILHO
ANTONIA OSIMA LOPES
JORCELINA QUEIROZ DE AZAMBUJA
JOSÉ CARLOS SOUZA ARAUJO
ILMA PASSOS ALENCASTRO VEIGA (ORG.)
MARIA EUGÊNIA L.M. CASTANHO
MARIA LETÍCIA ROCHA DE SOUZA
REGINA CÉLIA DE SANTIS FELTRAN

TÉCNICAS DE ENSINO

POR QUE NÃO?

PAPIRUS EDITORA

Capa Francis Rodrigues
Copidesque Maria Aparecida B. Cintra
Diagramação DPG Editora
Revisão Anna Carolina Garcia de Souza, Regina Ferreira de Castilho, Vera Luciana Morandim e Vilma A. Albino

Dados Internacionais de Catalogação na Publicação (CIP)
(Câmara Brasileira do Livro, SP, Brasil)

Técnicas de ensino: Por que não?/Ilma Passos Alencastro Veiga (org.). – 21ª ed. – Campinas, SP: Papirus, 2011. – (Coleção Magistério: Formação e Trabalho Pedagógico)

Vários Autores.
Bibliografia.
ISBN 978-85-308-0182-3

1. Ensino 2. Ensino – Métodos I. Veiga, Ilma Passos Alencastro. II. Série.

11-14694 CDD-371.3028

Índice para catálogo sistemático:

1. Técnicas de ensino 371.3028

21ª Edição – 2011
10ª Reimpressão – 2024
Tiragem: 30 exs.

Exceto no caso de citações, a grafia deste livro está atualizada segundo o Acordo Ortográfico da Língua Portuguesa adotado no Brasil a partir de 2009.

R. Barata Ribeiro, 79, sala 316 – CEP 13023-030 – Vila Itapura
Fone: (19) 3790-1300 – Campinas – São Paulo – Brasil
E-mail: editora@papirus.com.br – www.papirus.com.br

SUMÁRIO

APRESENTAÇÃO 7

1. PARA UMA ANÁLISE DAS REPRESENTAÇÕES SOBRE AS TÉCNICAS DE ENSINO 11
José Carlos Souza Araujo

2. AULA EXPOSITIVA: SUPERANDO O TRADICIONAL 37
Antonia Osima Lopes

3. O ESTUDO DE TEXTO COMO TÉCNICA DE ENSINO 51
Jorcelina Queiroz de Azambuja e *Maria Letícia Rocha de Souza*

4. NA SALA DE AULA: O ESTUDO DIRIGIDO 69
Ilma Passos Alencastro Veiga

5. DA DISCUSSÃO E DO DEBATE NASCE A REBELDIA 93
Maria Eugênia L.M. Castanho

6. O SEMINÁRIO COMO TÉCNICA DE ENSINO SOCIALIZADO . . 107
Ilma Passos Alencastro Veiga

7. ESTUDO DO MEIO 121
Regina Célia de Santis Feltran e *Antônio Feltran Filho*

8. NOS LABORATÓRIOS E OFICINAS ESCOLARES:
A DEMONSTRAÇÃO DIDÁTICA 139
Ilma Passos Alencastro Veiga

OS AUTORES 157

APRESENTAÇÃO

Imprimir tecnicidade ao trabalho pedagógico-escolar sempre esteve no horizonte humano. Platão bem exemplifica isso: "... quem desejar adquirir capacidade seja no que for, deve começar desde criança, tanto nos brinquedos como em ocupações sérias e em tudo o que se relacionar com esse objetivo. Assim, o menino que aspirar a ser de futuro um bom lavrador, ou um construtor capaz, deverá ocupar-se com brinquedos relacionados com a construção de castelos de crianças, e, no caso do lavrador, com trabalhos na terra, devendo os respectivos educadores fornecer a cada um deles pequenos instrumentos de trabalho, feitos sob o modelo dos verdadeiros, e providenciar para que eles aprendam com antecedência tudo o que precisarão saber. Desse modo, brincando, aprenderá o futuro construtor a medir e a usar a trena; o guerreiro, a cavalgar e a fazer qualquer outro exercício, devendo o educador esforçar-se por dirigir os prazeres e os gostos das crianças na direção que lhes permita alcançar a meta a que se destinarem".[1]

1. Platão. Diálogos: Leis e Epinomis. Belém – Universidade Federal do Pará, 1980, 643c.

É entre os gregos que se ancora a etimologia da palavra *técnica*, significando *arte, habilidade*. É com esse sentido que em versão dicionarizada, técnica é um "conjunto de processos de uma arte", ou "a maneira ou habilidade especial de executar ou fazer algo". Como se observa, ela designa sempre uma atividade prática, diferentemente da ação de compreender.

Assentando-se a discussão sobre as técnicas de ensino nessa perspectiva, algumas questões afloram: que relações a técnica de ensino guarda com a experiência de ensinar? Que relações ela estabelece com o conteúdo? É a técnica de ensino algo mecânico, no sentido de que ela determina ou condiciona uma série de fases a serem seguidas no processo de ensinar? Constituem as técnicas de ensino um conjunto de orientações normativas, por meio das quais se consegue algo? Tais questões e similares são aqui discutidas, ainda que preponderantemente de um modo implícito, nos vários cadernos que integram este livro.

Uma coisa é óbvia: as técnicas de ensino não são naturais ao processo de ensinar, mas são condições que dão acesso a ele. Portanto, nesse sentido, elas são compreensíveis como "artifícios", que se interpõem na relação entre o professor e o aluno, submissas à autoridade e à intencionalidade do primeiro. Assim sendo, as técnicas de ensino não são algo mecânico que se sobrepõe à relação humana como quer certa tendência pedagógica.

Desde que foi superada a visão pessimista de que o homem se corrompe tanto mais quanto avança em tecnologia, uma das tônicas do pensamento moderno e contemporâneo é veicular uma visão otimista sobre as técnicas de ensino. Desde Bacon que afirmara que a natureza está a serviço do homem, ou desde Comênio que defendera que "outra coisa não exige a arte de ensinar do que uma engenhosa distribuição do tempo, dos objetos e do método",[2] as técnicas de ensino, mais do que nunca, se incorporaram à teorização educacional.

---

2. Comênio. *Didática Magna*. Rio de Janeiro, Editora Rio, 1978, p. 114.

Por conseguinte, sua relativa autonomia permite discorrer a respeito de um saber sobre as técnicas de ensino ou, dito de outro modo, estas possuem um saber. E é isso que procuramos realizar. Porém, as reflexões que se apresentam aqui não concordam que o ensino seja algo eminentemente técnico, ou que o saber sobre o ensino ou sobre o próprio processo de ensinar seja fundamentalmente técnico. Reconhecemos sim a significação e o lugar da técnica que permite viabilizar a execução do ensino.

De outro modo, cairíamos numa inversão de que o saber é essencialmente técnico. Bastaria informar para formar, instruir para educar, ensinar auxiliados por boas técnicas para provocar a aprendizagem. Nessa linha, teríamos a tendência de sustentar que as técnicas, e particularmente as de ensino, são mecânicas. Aliás, essa é uma das dimensões presentes intrinsecamente no âmbito do que se denomina tecnicismo, sempre a nos rondar desde o triunfo da concepção empirista, da qual Comênio (1978) é tributário, entre outros.

Com essas inquietações é que nos debruçamos sobre as técnicas de ensino, sempre resguardados pelo pensamento dominante de que as mesmas estivessem a serviço do homem. Determinadas técnicas de ensino evidentemente têm implicações histórico-conceituais mais comprometidas com a "des-centração" do homem. No entanto, eficácia, rendimento, eficiência e quejandos devem estar em nosso horizonte pedagógico, mas não devem imobilizar o processo pedagógico, a ponto de realizar-se um ensino e uma aprendizagem sem seres humanos historicamente situados.

Os autores

1
PARA UMA ANÁLISE DAS REPRESENTAÇÕES SOBRE AS TÉCNICAS DE ENSINO

*José Carlos Souza Araujo**

Ciências e técnicas de toda espécie, pela sua proliferação incontrolada, levam a descentrar ou a excentrar a realidade humana.
George Gusdorf

Esta coletânea de artigos sobre técnicas de ensino se reveste de uma significação maior, apesar da especificidade temática de seu conteúdo, traduzida nesses poucos artigos individualizados. Ou seja: é preciso inserir tal coletânea numa conjuntura histórica e ideológico-educacional brasileira, referida pelo menos às últimas três ou quatro décadas deste século.

Na verdade, a produção do conhecimento da realidade educacional, como também de outras áreas, sobretudo sociais, se reveste de ênfases, oscilações e evoluções em torno de conceitos-chave, ora mais, ora menos

* Professor do departamento de Filosofia da Universidade Federal de Uberlândia.

penetradas por vieses ideológicos, sem dúvida nenhuma determinadas pela própria dinâmica da realidade histórica sempre em trânsito.

Em vista desse fato, impõe-se-nos como necessidade inquirir e interpretar a realidade permanentemente, num constante esforço de compreensão da mesma. Tal determinação nos permite reunir interpretativamente alguns conceitos-chave, que se encadeiam por relações e aproximações, motivados por razões históricas diversas às quais convém sempre estar atentos. E esse exercício intelectual que visa a estabelecer correlações torna-se relativamente facilitado, quando se trata de realizar, como pretendemos, uma retrospecção.

Nessa direção é que nos propomos fundamentalmente a refletir sobre as representações que vieram e ainda vêm conformando a dimensão técnica do ensino. Auxiliando-nos de *Educação e contradição* de C.R. Jamil Cury, digamos que a "representação é um complexo de fenômenos do cotidiano que penetra a consciência dos indivíduos, assumindo um aspecto abstrato quando essa percepção do imediato está desvinculada do processo real que determina sua produção. O elemento próprio das representações é o duplo sentido. O fenômeno indica a essência e, ao mesmo tempo, a esconde. Mas essa representação não constitui uma qualidade natural da coisa e da realidade: é a projeção, na consciência do sujeito, de determinadas condições históricas petrificadas... O momento da representação é um momento abstrato porque ainda que realmente inserido nas relações essenciais, pensa a realidade em direção oposta à natureza desta. Isolando o que é dialético, faz-se acompanhar de uma percepção do todo que é não só ingênua, mas também caótica e obscura. Esse isolamento, por sua vez, é produto de condições históricas, e tem por função petrificar essas condições em favor dos interesses dominantes" (Cury 1985, pp. 24-25).

Partindo do tema: *técnica de ensino* sugere tecnicismo, e este tecnologia; por sua vez, esta se constitui associada ao desenvolvimento, e este à modernização; alguns deles lembram capitalismo, e este em nossos horizontes se agiganta como antônimo de progressista. Em tudo isso, há uma preocupação com a sociedade e com o homem que nela vive, ou seja, tais conceitos têm uma significação concreta: a modernização, o desenvolvimento, a tecnologia etc., não podem ser destacados do *para quê* e a *quem* servem.

Outro exemplo: em um nível especificamente pedagógico, é preciso lidar com outros conceitos-chave que também compõem o universo de nossas preocupações com a dimensão técnica do ensino: técnica, método, metodologia, processo, procedimento, estratégia, tática, recurso, instrumento, atividade. Tais conceitos se revestem diferentemente de distinções fluidas e ambíguas, o que sugere que tais distinções são pouco praticadas conceitualmente, além de pertencerem, via de regra, a diferentes concepções de educação. Além disso, tais conceitos-chave guardam estreitas relações, nem sempre de modo correlato, com aqueles outros mencionados no parágrafo anterior.

Tal rede de conceitos frequentemente sofre acréscimos e ênfases ou é objeto de aproximações e relações em conformidade à conjuntura que se quer compreender ou na qual se quer atuar. Evidentemente, o pensamento pedagógico brasileiro das últimas décadas está transpassado de tais preocupações conceituais, justamente porque elas expressam o esforço de compreensão da conjuntura socioeconômica e da prática pedagógica que nela se insere.

Aqueles dois conjuntos de conceitos-chave têm significações diferenciadas e se situam, diante do tema de nossas reflexões, em patamares distintos, mas não necessariamente separados. Certamente, não pretendemos aqui resolver, em poucas linhas, a ambiguidade e fluidez de alguns daqueles conceitos-chave mencionados, ou das relações e movimentos a que estão ou estiveram sujeitos ideológica ou conceitualmente, em virtude da conjuntura modernizadora brasileira, na qual eles se inscrevem.

Nossa pretensão, portanto, se constitui em discutir o lugar que as técnicas de ensino devem ocupar como elemento componente do processo pedagógico escolar. Por este ser parcela de uma totalidade social, com ela estabelecendo uma relação, aliás uma relação passível de determinações e, por isso mesmo, muito polemizada, é que estamos problematizando as relações da dimensão técnica do ensino com aqueles dois grupos de conceitos-chave mencionados anteriormente. É nesse sentido que seria compreensível afirmar que há um quadro histórico e ideológico-educacional pelo menos brasileiro a amparar o universo de tal proposta.

As técnicas de ensino, elemento componente do processo pedagógico-escolar que estabelecem relações com a totalidade social, dispõem portanto de uma autonomia relativa e subordinada a outros aspectos componentes do referido processo. É nesse sentido que seu lugar pedagógico, escolar e social se inscreve em nosso horizonte de preocupações.

1. A tecnocracia e o tecnicismo pedagógico

Correspondentemente à paulatina modernização[1] da vida brasileira, sobretudo a partir da década de 30 – que implicou sua crescente industrialização, urbanização e tecnificação, mas também internacionalização crescente da economia brasileira – a educação escolar como fenômeno parcial também veio a compartilhar contraditoriamente de tal modernização. Aliás, a legislação escolar brasileira desde os anos 30 manifesta especularmente, sem dúvida, o compartilhamento com o capitalismo brasileiro especialmente em sua fase monopolista.[2]

---

1. "A palavra 'modernização' foi introduzida como termo técnico apenas nos anos 50... O conceito de modernização se refere a um conjunto de processos cumulativos e interativos: à formação de capital e à mobilização de recursos; ao desenvolvimento das forças produtivas e ao aumento da produtividade do trabalho; à imposição de poderes políticos centrais e à construção de identidades nacionais: à expansão dos direitos de participação política, das formas de vida urbana e da educação formal; à secularização de normas e valores etc." (Habermas 1989, p. 12). Para maior aprofundamento, consulte Garcia (1977). Ou ainda o verbete *modernização* do Dicionário de Ciências Sociais, 1986, o qual também apresenta uma crítica de tal conceito; ou ainda Sandroni 1989, p. 204).
2. Distinguimos com Fernandes (1975, p. 222), que "não é intrínseco ao capitalismo um único padrão de desenvolvimento, de caráter universal e invariável... No caso brasileiro, o desenvolvimento capitalista significou coisas distintas, em cada uma

Por conseguinte, entre as dimensões contraditórias de tal compartilhamento com o processo de modernização, como já ficou dito, interessa-nos sobretudo a dimensão técnica da educação escolar, na tentativa de ressaltar algumas ressonâncias do processo de modernização da vida brasileira sobre o campo pedagógico. Ou dito de outra forma: estamos interessados em refletir sobre algumas direções que assumiram entre nós a teoria e a prática pedagógicas sobre os aspectos metodológicos e técnicos do ensino.

Para isso, não recuaremos a 1930 ou mais, o que seria plausível e viável, mas analisá-la-emos sobretudo a partir dos anos 60, década que assistiu a uma paulatina hipertrofia da dimensão técnica sobre o campo pedagógico.[3]

---

das três fases que marcam a evolução interna do capitalismo. Em nenhuma delas tivemos uma réplica ao desenvolvimento capitalista característico das Nações tidas como centrais e hegemônicas... Ao contrário, nas três situações sucessivas, o desenvolvimento capitalista apresenta os traços típicos que ele teria de assumir nas Nações tidas como periféricas e heteronômicas, fossem ou não de origem colonial". Mais adiante, o referido autor distingue na história moderna da sociedade brasileira, três fases do desenvolvimento capitalista brasileiro, ou sejam: capitalismo moderno (1808-1860), competitivo (1860-1950) e monopolista (1950-aos nossos dias). Para o que nos interessa, nossas reflexões se restringem à fase do capitalismo monopolista que "se caracteriza pela reorganização do mercado e do sistema de produção, através das operações comerciais, financeiras e industriais da 'grande corporação' (predominantemente estrangeira, mas também estatal ou mista). Embora as tendências para esta evolução sejam anteriores, ela só se acentua no fim da década de 50 e só adquire caráter estrutural posteriormente à 'Revolução de 1964'" (p. 225). Especificamente, a respeito do capitalismo monopolista no Brasil, cf. pp. 251-288. Sugerimos também a obra de Romanelli (1978), a qual possibilita fazer um cotejamento das relações da educação escolar com a fase do capitalismo monopolista no Brasil.

3. É possível verificar o fluxo de realizações ligadas à divulgação da psicologia *behaviorista,* ao aparecimento da instrução programada, a órgãos destinados a apoiar o serviço de recursos audiovisuais, à teleducação, à TV Educativa, à tradução mimeografada no início dos anos 60 das teorizações de Skinner etc. tudo isso ainda no início dos anos 60. Para isso, o texto de Pfromm Neto (1976) é imprescindível.

Durante os anos 70, o cenário pedagógico assistiu à hegemonia da expectativa de que os benefícios da tecnificação nesse campo seriam salutares ao processo de ensino e aprendizagem. Os elementos constituintes do que se denomina por tecnicismo não se restringem à utilização mais ou menos maciça de recursos tecnológicos no ensino, mas a expectativa, a crença, a convicção, a esperança, a confiança de que o emprego de recursos técnicos (sejam audiovisuais, óticos, eletrônicos, cibernéticos ou propriamente técnicas de ensino tais como a instrução programada, o microensino, o estudo por meio de fichas, os módulos instrucionais, as máquinas de ensinar, a teleducação etc.) solucionariam ou teriam papel preponderante na solução das questões relacionadas ao ensino e à aprendizagem.

Na verdade, o tecnicismo pedagógico significa sobrelevar as técnicas, os processos, os recursos materiais ligados à dinâmica concreta do ensinar e do aprender. Tal sobrelevação tende a enfatizar, quando não chega a radicalizar, a autonomia dos recursos técnicos. Em íntima conexão com essa maneira de pensar, a escola tende a ser concebida como autônoma em relação ao processo social, envolvida que está com as ideias de racionalização, de eficiência e de eficácia que permeiam todos os níveis do sistema de ensino (Kuenzer e Machado 1984, pp. 30, 34 e 41; Veiga 1989, pp. 57-61).

Por um lado, tal expectativa evidentemente se construiu, de forma material, a partir de uma instrumentação tecnologicamente bem aparelhada, ou por intermédio da difusão de mecanismos de condução de determinadas técnicas associadas a palestras, cursos e treinamentos, instrumentação esta que se fez possível com a participação do Brasil no processo de modernização. Uma das dimensões desta seria espelhar as conquistas ocorridas no Primeiro Mundo.

Ideológica e cientificamente, no entanto, os fundamentos do que se denomina tecnicismo remontam ao início do século XX, com as teorizações sobre a administração de Frederick W. Taylor e Henri Fayol; posteriormente com a pesquisa sobre o controle e a comunicação entre os animais de Norbert Wiener, a partir da publicação de sua obra, *Cybernetcs*, em 1948, com a análise de sistemas de Von Bertalanffy, de Boulding, de R. Gagne, com as concepções de ensino ligadas à utilização de recursos audiovisuais de James D. Finn, com a psicologia comportamentalista de educação de B.F. Skinner.[4]

No Brasil, os anos 60 assistiram à necessidade de recursos humanos, de contemporanizá-los com a modernização, de colocá-los a serviço da industrialização. As várias teorizações ocorridas no Primeiro Mundo mais uma vez se tornaram especulares às nossas necessidades. Na verdade, houve uma conjugação de teorias psicológicas, sistêmicas, de administração, de comunicação, como que se amalgamando para servir de guia ao processo pedagógico escolar, este também concebido como intrínseco ao processo de modernização da sociedade brasileira.

Cabe-nos, aqui, salientar o seguinte: todo esse movimento de supervalorização da técnica não é específico do campo educacional, mas é parte constitutiva do processo de modernização. O campo educacional apenas compartilhou dos desdobramentos de uma visão tecnocrática que lançara suas garras nos mais variados setores da sociedade brasileira.

Portanto, o tecnicismo tornou-se pedagógico, como se tornara também um tecnicismo político, econômico, burocrático-administrativo, bancário, agrícola, previdenciário etc. É nesse sentido que ele é uma concepção pela qual a sociedade se compreende, e que tal autocompreensão permeia todas as relações sociais, econômicas, políticas, educacionais etc. Destarte, o tecnicismo é muito maior do que a pedagogia, do que a técnica pedagógica, ou do que o tecnicismo pedagógico.

As relações de todo esse quadro mais amplo com a dimensão técnica do ensino passa pelas ressonâncias teóricas, ideológicas e práticas que o tecnicismo significou para a educação escolar brasileira. É necessário ressaltar que o tecnicismo entre nós não é um fenômeno tão somente recente. A penetração do tecnicismo no âmbito escolar é quase secular (Pfromm Neto 1976; pp. 23-31), mas foi a partir dos

4. As obras de Santos 1981; Pfromm Neto 1976; Oliveira 1988; Kuenzer e Machado 1984; Saviani 1983a; Machado 1980 são, entre outros, escritos significativos para essa caracterização.

anos 60 que ele se tornou grávido e, também, alienante, no sentido de tornar o processo pedagógico descentrado de sua dinâmica que é o saber sistematizado, o conteúdo.

Não se pode esquecer que a Escola Nova seja responsável pelo otimismo pedagógico, uma tentativa de renovação da escola pelos métodos, quando portanto a dimensão técnica já viera sendo sobrelevada. Por sua vez, o tecnicismo representa um desdobramento radical do escolanovismo, ou seja, "... a base ideológica do escolanovismo, o liberalismo, é a mesma da pedagogia tecnicista, bastando, para esta se impor, que o desenvolvimento da sociedade atinja um grau maior de homogeneidade" (Saviani 1984, p. 287).

2. A crítica ao tecnicismo pedagógico

Durante os anos 80, de um modo muito mais nítido, emergiu uma contundente crítica ao tecnicismo, já assentado na realidade brasileira, justificável pela ascensão teórica da posição histórico-crítica[5] entre nós.

Na verdade, tal crítica já se esboçava, ainda que timidamente, nos anos 70.[6] No entanto, foi a partir dos fins dos anos 70, numa conjuntura

5. Dentre os textos que podem auxiliar a compreensão de tal posição, são destacáveis os seguintes: Saviani 1986; Ghiraldelli Júnior 1987; Saviani 1983a; Cury 1986; Libâneo 1983.
6. Por exemplo, Japiassu (1975, pp. 151 e 152): "O objetivo da pedagogia, parece-me, não consiste em tratar o educando como 'caso' particular ou como um 'exemplar' de um conceito geral, mas em fornecer-lhe todas as possibilidades de um desabrochamento pessoal num contexto determinado. Trata-se de um empreendimento que só pode ser realizado por um contato direto, e não pela mediação anônima e fria de análises e métodos experimentais no interior de um 'laboratório' experimental da inteligência. Sem dúvida, todos os métodos e técnicas empregados para extrair informações concernentes às experiências sobre atenção, a fadiga, a memória, a aprendizagem, a inteligência, são importantes e úteis ao educador. Todavia, o conjunto sistematizado desses conhecimentos não basta para fazer dele um pedagogo. Por conseguinte, o educador que se limita a transmitir um

brasileira em que já se desenhava uma crise do Brasil moderno, decorrente do triunfo de um capitalismo monopolista, que o tecnicismo sofreu o golpe mais duro. Num período em que já se discutia amplamente a posição crítico-reprodutivista,[7] o tecnicismo pedagógico certamente representava algo significativo, seja por retratar desdobramentos da política educacional oficial, seja também por ser incompatível com as concepções de sociedade, de Estado, de escola e de educação que passavam a ser veiculadas inclusive pelo mesmo crítico-reprodutivismo.

A implosão da dimensão técnica, a partir das teorias crítico-reprodutivistas, deu lugar a um politicismo, momento em que a dimensão técnica foi relegada a favor da dimensão política. "O exagero de ênfase na dimensão política do ensino, por caracterizar uma nova moda no meio educacional, fez com que os professores partissem para uma denúncia precipitada dos cursos de atualização que não se propusessem a discutir, por exemplo, 'a escola como um aparelho de reprodução da ideologia dominante'. Dessa forma, ao abrir as janelas historicamente cerradas do 'político', fecharam-se as portas do 'didático-pedagógico' (dimensão técnica) e do conteúdo (conhecimento da matéria)" (Silva 1989, p. 44).

Mas não é apenas pela incompatibilidade com o crítico-reprodutivismo que se gestou uma crítica ao tecnicismo pedagógico. A discussão que naquela conjuntura já se fazia sobre a significação do Estado brasileiro, sobre a significação do desenvolvimento que aqui se processava, sobre a afirmação da sua dependência e de sua continuidade – certamente tem importância maior para tornar problematizada a convivência com o tecnicismo.

Entretanto, a proliferação da mentalidade educacional vinculada ao tecnicismo sofreu seu grande refluxo primeiramente diante da

---

programa de ensino ou que procura adaptar a inteligência do educando aos códigos ou modelos pré-estabelecidos do saber, e não faz de seu 'ensino' um meio de favorecer e de desenvolver a inventividade e a reflexão do educando, só é educador por eufemismo". Cf. também, do mesmo autor, a p. 149. Cf. ainda Tragtenberg 1979, p. 81; Severino 1979, pp. 105-106; Morais 1977; Rezende 1978.

7. Saviani 1983a, pp. 19-34, apresenta um esboço, bem como uma análise da referida posição.

hegemonia teórica da posição histórico-crítica, e posteriormente devido ao envolvimento axiológico com esse modo de pensar a educação brasileira. A investida tecnocrática no campo pedagógico já não dava sinais de tanto vigor, quando do predomínio do pensamento militarista.

É nesse ambiente ideológico-político que se situa o trabalho docente. Alguns exemplos, entre outros, de prática pedagógica têm aqui apenas a função de relembrar ao leitor sobre o clima construído em torno de uma vivência tecnicista da educação, cujo funcionamento eficiente e eficaz implica a utilização de retroprojetores, na infindável e constrangedora listagem de verbos adequados para explicitar os objetivos gerais e específicos das diferentes disciplinas, na explicitação da atividade pedagógica toda clarificada por organogramas e cronogramas, por meio de módulos instrucionais, na instrução programada, na obrigatoriedade e no controle de uma determinada quantidade de avaliações dadas pelo professor. Tudo isso desemboca na burocratização do planejamento e da ação pedagógica.

Nesse ambiente, cujas ressonâncias tecnicistas eram sobejamente vivenciadas no interior da escola, era difícil estar imune às suas influências. O processo pedagógico era concebido como se a ele fosse possível imprimir uma racionalidade objetivista, neutra e eficiente, aplicável em quaisquer situações. As técnicas de ensino eram concebidas como que pinçadas de um compartimento teórico para serem utilizadas em sala de aula. Acreditava-se que, uma vez justificado o uso de determinadas técnicas ou de determinados recursos, obter-se-ia sucesso no ensino e, de modo voluntarista, acreditava-se na aprendizagem significativa do aluno.

Portanto, sendo a técnica supervalorizada no âmbito do tecnicismo, acabou dimensionando o ensino numa perspectiva alienante: certos elementos componentes do processo pedagógico passaram a ser subordinados à dimensão técnica; a relação pedagógica torna-se descentrada do que a constrói fundamentalmente, isto é, o professor e o aluno. A técnica de ensino, nesse âmbito, deixa de ser um elemento interposto entre ambos com uma função mediadora, e acaba, no mínimo, substituindo o lugar do professor, se não de fato, pelo menos simbolicamente. Dessa forma, em se tornando o componente principal, a técnica de ensino ocupa o pedestal do processo pedagógico e subjuga a todos, professores e alunos, e a tudo que compõe tal processo.

Com a avalanche da crítica ao tecnicismo e ao escolanovismo, certamente amparada pelos benefícios propiciados pela assimilação do conhecimento sobre as teorias crítico-reprodutivistas, bem como pela discussão sobre as mesmas, tornou-se difícil ser tecnicista. Os que militavam pedagogicamente patrocinados por essa posição, entraram num processo de enclausuramento, dado que se antes era difícil não ser tecnicista, ou simplesmente não era fácil resistir aos constrangimentos pedagógicos impostos por seu avanço, agora se tornara difícil sê-lo, como se fosse algo indecoroso.

Quando da avalanche crítica à posição tecnicista, bem como às suas práticas, passou-se a identificar com progressismo àqueles que tinham sensibilidade para reconhecê-la e para dela escapar, considerando-se as relações daquela posição com as práticas pedagógicas fundadas numa perspectiva liberal. O tecnicismo, com práticas pedagógicas fundadas ou não na utilização de recursos tecnológicos, deixara de ser um paradigma confiável e, portanto, recomendável à prática docente, para se tornar alvo de inúmeras análises e críticas em diferentes dimensões do conhecimento.[8]

O que nos interessa aqui é ressaltar que a dimensão técnica e metodológica do ensino acabou sendo afetada porque a crítica à mesma acabou por fazer implodir todo um edifício pedagógico construído sobre e a partir da relevância dos métodos e das técnicas desde a hegemonia da Escola Nova entre nós. No entanto, é necessário ressaltar uma vez ainda que a presença relevante da dimensão técnica no ensino não é apenas o resultado de um enfatismo de veio tecnicista, ou anteriormente de veio escolanovista. Toda essa dinâmica pedagógica está mesmo entranhada no processo de modernização da vida brasileira.

8. A bibliografia, apresentada ao final, possibilita ao leitor verificar as diferentes tematizações sobre o tecnicismo. Podem-se verificar aí abordagens ora predominantemente pedagógicas, ora históricas, ora ideológicas ou então epistemológicas em busca dos fundamentos do tecnicismo. Evidentemente, encontram-se às vezes num mesmo texto mais de uma dimensão.

A reversão do aspecto metodológico-técnico aos conteúdos, provocada pela emergência da postura histórico-crítica, significou fazer implodir um edifício semissecular. E tal implosão significou redimensionar o lugar do aspecto técnico do ensino no processo pedagógico. De opressora do processo pedagógico, a crítica passou a mostrar que a dimensão técnica e metodológica deveria se tornar subordinada aos conteúdos.

Com isso, estamos querendo salientar que paralelamente a esse processo de crítica ao tecnicismo, que veio acrisolar o aspecto técnico do ensino, entranhadamente aconteceu um processo de desvalorização do mesmo. Assistiu-se a uma espécie de desdém por ele, justamente porque os alicerces do edifício pedagógico estavam sendo renovados pela postura histórico-crítica, a principal responsável por essa análise.

Ter preocupações com o aspecto técnico significava, quase absolutamente, constituir-se um tecnicista, como antes ser tecnicista implicava, absolutamente, ser técnico. A associação destes dois conceitos-chave carregava consigo, como vimos anteriormente, uma forte densidade ideológica, mas também teórica. Os fundamentos do tecnicismo também estabeleceram alicerces para dimensionar as técnicas de ensino.

Portanto, o tecnicismo e a dimensão técnica do ensino se constituíram associados, e foram responsáveis pela estruturação de um edifício pedagógico ainda construído no interior do movimento da Escola Nova. Por isso, quando ocorrera a contundente crítica à Escola Nova e ao tecnicismo, o aspecto técnico do ensino foi desdenhado.

A partir da metade dos anos 80, aproximadamente, estamos assistindo a uma retomada da valorização da dimensão técnica e metodológica, o que se verifica a partir da produção literária que retoma uma discussão sobre métodos e técnicas de ensino, presente em diferentes áreas. A preocupação com o como ensinar tem se constituído uma tendência significativa da produção educacional dos últimos anos na área de Ciências, Matemática, História, Geografia, Língua Portuguesa, Literatura etc.

Portanto, os anos 70 assistiram a uma hipertrofia solidificada da dimensão técnica no campo pedagógico-escolar, e durante esse período era constrangedor não ser tecnicista. Aproximadamente entre fins da década de 70 e primeira metade dos anos 80, assistiu-se a uma crítica a esse desbragado tecnicismo, e aí era constrangedor ser tecnicista. Na segunda metade dos anos 80, depois da avalanche crítica, abandonamos a condição pendular, ora a sobrelevar a técnica, ora a desdenhá-la, para mirar o pêndulo em sua natureza constituinte, cuja preocupação central é responder sobre a significação e o lugar da técnica.

Naquelas décadas em que o pêndulo oscilava, a prática social vigente na educação escolar certamente se construiu com a ideia arraigada de construção de um Brasil moderno (eram significativas a importação de tecnologias, o desenvolvimento e o crescimento econômicos, a modernização da sociedade e a mudança social). E nesse tempo, o deliciar-se com as maravilhas de tal modernização ou com suas promessas esteve no horizonte das preocupações tecnicistas, como se pode perceber por intermédio de textos que comungam com esta perspectiva.

Contrariamente a esta, quando chegara o momento de afrontar mais maduramente e de identificar a significação política de um Brasil moderno, o tecnicismo foi sendo ideologicamente desmontado, e o embevecimento com o mesmo se desmoronou, visto que as promessas feitas anteriormente se desvaneceram. Mas isso não significa afirmar que a perspectiva tecnicista se desvaneceu. Ela continua presente e atuante, mas axiologicamente menos envolvente. A prática docente tornou-se menos vulnerável com as promessas da mesma. Parece provável que a dimensão técnica tenha encontrado seu nicho na estruturação da dimensão pedagógico-escolar, apesar do tecnicismo estar a nos aliciar.

3. O método e a técnica

Por mais que se afirme a unidade e a autonomia da dimensão técnica do ensino, sua razão de ser e sua significação devem ser correlatas ao aluno, ao professor, ao conteúdo, ao ensino, à aprendizagem, à educação, à situação sociocultural dos alunos e aos fins. Esses aspectos são certamente elementos que compõem a prática socioeducacional, cuja importância não pode ser subjugada, obscurecida ou diminuída pela dimensão técnica.

Por isso, a construção da dimensão técnica do ensino esbarra sempre no dinâmico processo implícito naqueles elementos componentes mencionados. Nesse sentido, estamos elegendo a prática social global e específica (no caso, a pedagógico-escolar) como a que deve impulsionar a necessária formalização técnica do ensino, tendo em vista o atendimento e a realização efetiva daqueles elementos componentes.

Dessa maneira, é óbvio que o aspecto técnico do ensino é elemento constituinte do especificamente pedagógico. No entanto, isso não significa desconsiderar que a dimensão técnica reflita relações mais amplas com as dimensões socioeconômicas e culturais da existência humana. Mas, o que se nos reserva aqui é alinhavar algumas ressonâncias ideológicas sobre um dos componentes do especificamente pedagógico. Implicitamente significa, por outro lado, dimensionar a prática pedagógica como uma faceta da dimensão escolar, e esta como uma dimensão da prática social.

Outrossim, situando-a para além da dimensão pedagógica, fica claro que quaisquer técnicas de ensino não têm existência em si, nem racionalidade em si como apregoava o tecnicismo. A pretensão deste é que, ocorrendo a correta sequenciação dos processos pedagógicos determinados, estariam simplesmente garantidos o ensino e a aprendizagem de qualidade. Nessa perspectiva, a racionalidade do processo pedagógico estaria nos meios: bastariam as estratégias e as táticas bem conduzidas para realizar em plenitude a atividade de ensinar.

Na verdade, a racionalidade de tais meios está subordinada aos fins, sem dúvida capazes de dar suporte aos meios, aos instrumentos, à atividade, às funções. A racionalidade de uma ação instrumental (prática) carrega consigo uma racionalidade teórica, onde se encontram os fins, os valores, as crenças que se pretendem atingir ou vivenciar.

Além disso, embora possam ser ressaltados os aspectos universais das diferentes técnicas de ensino, isso não significa necessariamente constituí-las neutras, ou compreendê-las sob formalismos deslocados da situação histórico-social. Esta é sempre o ponto de partida responsável pela gestação das técnicas e dos métodos: Comênio, Herbart, Dewey, Montessori, Decroly, Freinet, Makarenko são apenas alguns exemplos entre outros que possibilitam refletir sobre as interferências histórico-sociais na gestação e formalização dos métodos e das técnicas de ensino. As diferentes posturas teóricas dão o tom às diferentes técnicas gestadas historicamente. A técnica está ligada ao contexto em que surge, bem como à teoria pedagógica que a ilumina.

Como vem se observando nas entrelinhas dessas considerações, a técnica de ensino é um componente da racionalidade que se busca imprimir ao processo pedagógico. Na realização de tal racionalidade, a técnica tem seu lugar como condição necessária e indispensável, mas não suficiente, uma vez que favorece e condiciona o próprio processo pedagógico em sua realização concreta. Mas não se pode descuidar de que a racionalidade que se busca imprimir ao processo pedagógico não tem um caráter apenas teórico, mas também prático. Aliás, essa dimensão praxeológica é própria do conjunto das orientações da Pedagogia. Esta não pretende ser tão só especulativa, mas o conjunto de suas orientações é construído em vista da realização da prática pedagógica: aí está sua racionalidade.

Como elemento componente do processo de ensino e de aprendizagem escolares, as variadas técnicas possibilitam variadas intermediações entre o professor e o aluno, pois ora estão *mais* ou *menos* centradas no professor (como é o caso da exposição e da demonstração) ou no aluno (como é o caso do estudo dirigido, do estudo de texto e da pesquisa bibliográfica), ora *mais* ou *menos* centradas na individualização (como é o caso do ensino programado) ou na socialização do educando (como é o caso do estudo do meio, do seminário, do debate, da discussão e, enfim, do trabalho em grupo de modo geral).

É evidente que a intermediação não ocorre apenas em virtude da utilização da técnica de ensino, mas é ela que possibilita viabilizar as relações intersubjetivas, ou melhor, as técnicas de ensino se situam no limiar da intersubjetividade entre professor e aluno. E a intersubjetividade aqui tem que ser remetida aos aspectos históricos concretos que a constroem, e não apenas ao psicológico, ao afetivo, ao técnico, ou a qualquer coisa que o valha. A mencionada intersubjetividade se dá na relação entre os sujeitos (alunos e professores) em vista do conhecimento destinado a realizar o ensino e a aprendizagem; por conseguinte, ela está aqui sendo considerada como elo entre professor e aluno, como seres de subjetividade, com a realidade objetiva que os circunda.

Como o processo da comunicação entre professor e aluno não pode ser absolutamente formalizado, sob pena de diluir o processo pedagógico, as técnicas de ensino não devem ser concebidas como se fossem algo pronto, destinado a formalizar o processo de ensino. É preciso enfatizar ainda que as técnicas estão a serviço do processo de ensino, e não o contrário. Explicitando melhor: as técnicas estão destinadas ao professor e ao aluno, e não estes às técnicas.

Como a técnica de ensino não se inscreve formalisticamente, e não o pode ser, ela também não é capaz de realizar tudo sozinha, pois a mesma não é suficiente. É preciso concebê-la como encadeada a outras técnicas e a outros elementos componentes do processo pedagógico. Destarte, o estudo de texto como técnica de ensino implica, embora não necessariamente, estudo do meio, experimentação, pesquisa bibliográfica. O seminário como técnica de ensino implica discussão, debate, trabalho em grupo, estudo dirigido, exposição.

De outro modo, a técnica tem propriamente um caráter de subordinação aos fins. Portanto, sua significação é relativa, e guarda relações com aquilo a que, a quem e para que ela serve. Quando o edifício pedagógico esteve estruturado, explicativamente, em torno dos ditames da Escola Nova ou do tecnicismo, certamente que a dimensão técnica sobrelevou-se às demais dimensões do ensino. É preciso reconhecer que a perspectiva libertadora de Paulo Freire, apesar dos traços escolanovistas populares, como querem alguns educadores, é auxiliar da pulverização da hegemonia da dimensão técnica no ensino. Entretanto, o papel fundamental cabe à posição histórico-crítica.

4. O lugar das técnicas no processo pedagógico

As afirmações de que as técnicas são instrumentos "a serviço de quem os utiliza, e só têm valor em relação à finalidade que o homem lhes impõe" (Mialaret 1977, p. 143); de que "o fazer escolar é... algo concreto e se materializa na dimensão técnica do ensino" (Paulo 1988, p. 92); de que as técnicas devam ser compreendidas como componentes de "estratégia geral de abordagem do fenômeno educativo..., como um instrumental teórico-prático..." (Vasconcelos 1988, p. 99); "de que a dimensão técnica de ensino seja um elemento estruturante do método didático" (Candau 1988, pp. 31-32), corroboram nossa maneira de expressar que as técnicas intermediam as relações entre o professor e o aluno, são mediações, ou condições necessárias e favoráveis mas não suficientes do processo de ensino.

Se as técnicas têm esse caráter instrumental, pode-se afirmar que elas encontram sua razão de ser no serviço que prestam. No entanto, conhecê-las teoricamente não garante o seu sucesso. A maneira de utilizálas é que define seu potencial; é imprescindível, aqui, retomar aquela dimensão teórica e prática da técnica de ensino.

Isso significa afirmar que as técnicas de ensino podem estar a serviço da manipulação, do tecnicismo, da Escola Nova, da perspectiva libertadora. É claro, no entanto, que toda técnica encarna os princípios pedagógicos, instrucionais, educacionais e políticos que a sustentam. É isso que possibilita torná-la concreta, não metafísica. Do contrário, ela seria apenas objeto de formalismos.

Enfatizando: toda técnica é tecida e envolvida por determinados ideais educativos. Não é a técnica que define o ideal educativo, mas o contrário. Assim é possível usar o retroprojetor sem ser tecnicista. É possível realizar estudo dirigido sem aquela auréola planificante que o definia. É possível a aula expositiva sem ser tradicional. Pode-se usar a instrução programada, mesmo conhecendo seus limites, sem a certeza de estar no melhor caminho, ou de que o ensino e a aprendizagem têm garantido o seu sucesso. É sempre significativo para o processo pedagógico concreto que as técnicas de ensino não obscureçam ou não enevoem a necessária intersubjetividade entre professor e aluno e entre os próprios alunos em virtude do que os reúne em uma escola.

Portanto, o lugar que as técnicas ocupam num ideário pedagógico é que define sua própria constituição. Ou de outra forma: a constituição intrínseca da técnica está na direção da prática social, à qual ela serve. E isso se resolve no âmbito do ideário pedagógico. Ela pode, portanto, ser resgatada em conformidade a outro método ou a outro ideário pedagógico.

Não é necessário ser filiado à análise da linguagem educacional para se constatar o caráter fluido e ambíguo de alguns conceitos da mesma. E é esse auxílio que vamos buscar para empreender algumas observações.

De início, pode-se afirmar que a subordinação primeira das técnicas de ensino se refere ao método. Fazendo empréstimo das especulações sobre a ciência, pode-se compreender, de um modo geral, o método como um conjunto de processos de que o homem lança mão para se atingir um determinado fim.

Analogamente à conceituação de método científico, propomos que o método de ensino seja constituído por um conjunto de processos de que o professor lança mão para perseguir a finalidade de ensinar. E nisso estamos concordes com Gaston Mialaret (1977, p. 143): "Sejamos prudentes em nossos julgamentos, pois um instrumento (e as técnicas processos pedagógicos são apenas instrumentos) está a serviço de quem o utiliza, e só tem valor em relação à finalidade que o homem lhe impõe. Podemos fazer um julgamento sobre um princípio pedagógico que achamos bom ou mau, sobre um grande método que corresponde ou não às nossas concepções: é sempre difícil dar uma opinião geral e definitiva sobre as técnicas e processos que, em relação ao método geral, ao educador que os utiliza e à situação escolar em que aparecem, podem ser, como na língua de Esopo, a melhor ou a pior das coisas...".

Apoiado na afirmação de que o "método se concretiza nas diversas etapas ou passos que devem ser dados para solucionar um problema. Esses passos são as técnicas ou processos" (Cervo e Bervian 1976, p. 38), pode se observar que as distinções entre método, técnica e processo são bastante sutis e tênues. Isso também se verifica na identificação de *técnicas* com as expressões *estratégia, tática, instrumento*, ou quando se procura a significação de *processos* e *procedimentos*.

Nesse nível, é preciso que se afirme uma vez mais que o problema primeiro que as técnicas de ensino pretendem solucionar é o direcionamento do aspecto metodológico do mesmo. Na composição de tal aspecto, há outros elementos a compor a racionalidade teórico-prática do processo pedagógico e educativo. Nesse patamar é que se encadeia a metodologia de ensino. Por isso, a nosso ver, parece descabido afirmar a autonomia, ou até a existência em si, da dimensão metodológica do ensino, como se ela possuísse uma unidade transcendental.

Depois de tais distinções, ficam compreendidas certas questões como essas: qual é a especificidade do aspecto técnico ou metodológico do ensino? Qual é a dimensão política da técnica de ensino? Que unidade define o campo técnico ou de qual autonomia goza a dimensão técnica do ensino?

Que ela é parte de um todo, e que compartilha da qualidade do ensino, que tem um lugar contraditório entre os elementos componentes do processo pedagógico e educativo, que ela compartilha das transformações sociais, a elas se opondo ou estando a serviço delas, que elas estão em constante alteração, não restam dúvidas.

Mas a questão da unidade e da autonomia da dimensão metodológica – observe-se que a dimensão técnica está aí contida – tem sido, por vezes, assumida como uma questão política. E ela realmente tem. O debate sobre a relação entre conteúdo e forma acaba provocando polêmicas, pois há os que veem aquela relação como se fosse de contrários, e que se realizaria quando da concretização do ensino. Por outro lado, há os que defendam a subordinação dos métodos aos conteúdos. Mas, essa é outra questão, que foge aos nossos objetivos.

Embora estejam subordinados às finalidades, os processos metodológicos traduzem certamente as finalidades educativas mais amplas. Se assim não fosse, as técnicas estariam sendo objeto em si mesmas ou de si mesmas. Por isso, procurar algo contido nos processos metodológicos significa também investigar as finalidades sociais da educação. "Isso quer dizer que uma metodologia de fazer educação implica e decorre, de uma certa forma, de uma metodologia de conhecer educação e tudo o que se acha a ela implicado" (Vasconcelos 1988, p. 100).

Separar o que é unido é um exercício apenas intelectual, de conhecimento. Compartimentar as dimensões técnica e metodológica, e separá-las do conteúdo e dos outros elementos componentes da prática pedagógica e educativa significa embarcar em navios metafísicos. Sobrelevar a dimensão técnica, ou até hipertrofiá-la, ou atribuir-lhe uma existência em si significa separar o que não pode ser separado.

> Mas se só conhecemos o real através do simbólico, só temos acesso ao simbólico através do imaginário. O simbólico em si mesmo não nos é "dado". Não conhecemos espontaneamente a racionalidade que rege nosso trabalho, nossas representações, nossos costumes. Precisamos reencontrá-la, reconstruí-la, através da crítica das representações que dela temos, isto é, através do imaginário de um ou outro grupo específico, ou até mesmo um imaginário social comum a todos. Assim, o conhecimento passa pela crítica do imaginário, pela análise no sentido etimológico, isto é, a decomposição do imaginário nos seus elementos, a desconstrução, já que se trata de destruir uma reunião de elementos para reencontrar o princípio de sua composição, e reconstituir o processo pelo qual foram produzidos. (Bertrand 1989, pp. 39-40)

Os conceitos-chave mencionados no início deste artigo técnica, tecnicismo, tecnologia, desenvolvimento, modernização, método, processo, metodologia – vivenciados também pela nossa atividade de conhecimento, compartilham dessas dimensões simbólica, real, imaginária – mencionadas no parágrafo anterior. Importa estar sempre atento a isso, porque o conteúdo histórico-social real implicado naqueles conceitos, objeto de nossa discussão, é realmente vivenciado. Seus efeitos na ordem simbólica é que nos obrigam a desvendar as representações que deles temos. E isso foi o que aqui procuramos fazer.

Para concluir, uma referência ao clássico *Professores para quê?*, de Georges Gusdorf, para quem "o obscurantismo pedagógico procura asilo e refúgio na tecnicidade" (Gusdorf 1978, p. 310), e que a "tarefa presente de uma cultura é precisamente pôr em ordem, uma ordem à escala humana, um mundo desequilibrado pela proliferação incontrolada das ciências e das técnicas" (Gusdorf 1978, p. 301). Mais adiante, ainda a respeito: "a tarefa é hoje mais difícil do que jamais foi. Aliás, a reflexão pedagógica atual é, ela mesma, o sinal inegável da crise de consciência da nossa civilização. Nunca se inquiriu tanto sobre a questão de saber o que é preciso ensinar, a quem e como" (Gusdorf 1978, p. 302). Embora esses escritos datem de 1963, ano de publicação da obra, e sejam fruto de reflexão de outro contexto, traduzem a atmosfera que respiramos. Parece um só tempo, tempo de tecnicismo ainda a nos seduzir.

Bibliografia

AZANHA, José Mário Pires (1978). "Alain ou a pedagogia da dificuldade". *In:* ALAIN. *Reflexões sobre a educação*. São Paulo: Saraiva.

BAQUERO, Rute Vivian A. (org.) (1989). *Educação e técnica: Possibilidades e impasses*. Porto Alegre: Kuarup.

BERTRAND, Michele (1989). "O homem clivado: A crença e o imaginário". *In:* PAULO, Silveira e DORAY, Bernard (orgs.). *Elementos para uma teoria marxista da subjetividade*. São Paulo: Vértice, Editora Revista dos Tribunais.

CANDAU, Vera Maria (1988). "A didática e a relação forma/conteúdo". *In:* CANDAU, Vera Maria (org.). *Rumo a uma nova didática*. Petrópolis: Vozes.

CASTRO, Amélia Domingues de (1984). "A didática na Revista Brasileira de Estudos Pedagógicos: Um percurso de quatro décadas". *Revista Brasileira de Estudos Pedagógicos* 65(150), maio/agosto, Brasília, pp. 291-300.

CERVO, A.L. e BERVIAN, P.A. (1976). *Metodologia científica*. São Paulo: McGrawHill do Brasil,

CHAUI, Marilena S. (1980). "Ideologia e educação". *Educação e Sociedade* 2(5), janeiro, Campinas, pp. 24-40.

COVRE, Maria de Lourdes Manzini (1980). "Inovação educacional e ideologia: Uma recolocação". *Cadernos de Pesquisa* (33), maio, São Paulo, pp. 77-80.

CURY, Carlos Roberto Jamil (1985). *Educação e contradição: Elementos metodológicos para uma teoria crítica do fenômeno educativo*. São Paulo: Cortez e Autores Associados.

________ (1986). "Tendências do ensino no Brasil hoje". *Educação e Sociedade* 8(25), dezembro, Campinas, pp. 44-54.

ENGUITA, Mariano F. (1988). "Tecnologia e sociedade: A ideologia da racionalidade técnica, a organização do trabalho e a educação". *Educação e Realidade* 13(1), janeiro/junho, Porto Alegre, pp. 39-52.

EVANGELISTA, Ely Guimarães dos Santos (1988). "Tecnificação da educação e cidadania". *Inter-Ação* 12(1-2), janeiro/dezembro, Goiânia, pp. 1-35.

FERNANDES, Florestan (1975). *A revolução burguesa no Brasil: Ensaio de interpretação sociológica*. Rio de Janeiro, Zahar.

FERRETTI, Celso J. (1980). "A inovação na perspectiva pedagógica". *In:* GARCIA, Walter E. (org.). *Inovação educacional no Brasil: Problemas e perspectivas*. São Paulo: Cortez e Autores Associados.

FREITAG, Barbara (1987). *Política educacional e indústria cultural*. São Paulo: Cortez e Autores Associados.

________ (1980). *Escola, estado e sociedade*. 5ª ed. São Paulo: Moraes.

FUNDAÇÃO GETÚLIO VARGAS (1986). *Dicionário de ciências sociais*. Rio de Janeiro: Editora da Fundação Getúlio Vargas.

GARCIA, Pedro Benjamim (1977). *Educação: Modernização ou dependência?*. Rio de Janeiro: Francisco Alves.

GHIRALDELLI JÚNIOR, Paulo (1987). *O que é pedagogia*. São Paulo: Brasiliense.

GOLDBERG, Maria Amélia Azevedo (1980). "Inovação educacional: Grandezas e misérias da ideologia". *Cadernos de Pesquisa* (32), fevereiro, São Paulo, pp. 60-64.

GUSDORF, Georges (1978). *Professores para quê? Para uma pedagogia da pedagogia*. 4ª ed. Lisboa: Moraes

HABERMAS, Jürgen (1989). *El discurso filosófico de la modernidad*. Madri: Taurus.

HORTA, José Silvério Baía (1983). "Planejamento educacional". *In:* MENDES, Durmeval Trigueiro (coord.). *Filosofia da educação brasileira.* Rio de Janeiro, Civilização Brasileira.

JAPIASSU, Hilton (1975). O *mito da neutralidade científica.* Rio de Janeiro: Imago.

KAWAMURA, Lili (1990). *Novas tecnologias e educação.* São Paulo: Ática.

________ (1990). "Ciência, tecnologia e educação nos 100 anos de República". *Proposições* 1(2), julho, Campinas, pp. 36-49.

KUENZER, Acácia Zeneida e MACHADO, Lúcia Regina de Souza (1984). "A pedagogia tecnicista". *In:* MELLO, Guiomar Namo de (org.). *Escola Nova, tecnicismo e educação compensatória.* São Paulo: Loyola.

LIBÂNEO, José Carlos (1983). "Tendências pedagógicas na prática escolar". *Ande* 3(6), São Paulo, pp. 11-19.

________ (1986). "Os conteúdos escolares e sua dimensão crítico-social". *Ande* 5(11), São Paulo, pp. 5-13.

LIMA, Lauro de Oliveira (1979). *Tecnologia, educação e democracia: Educação no processo de superação do subdesenvolvimento.* 2ª ed. Rio de Janeiro: Civilização Brasileira.

LUCKESI, Cipriano Carlos (1990). *Filosofia da educação.* São Paulo: Cortez.

MACHADO, Nilson José (1980). "O tecnicismo e a hipertrofia do psicopedagógico". *Cadernos PUC* (3), março, São Paulo, pp. 11-27.

MELLO, Guiomar Namo de (1982). *Magistério de 1º grau: Da competência técnica ao compromisso político.* São Paulo: Cortez e Autores Associados.

MIALARET, Gaston (1977). *Introdução à pedagogia.* São Paulo: Atlas.

MILHOLLAN, Frank e FORISHA, Bill E. (1978). *Skinner x Rogers: Maneiras contrastantes de encarar a educação.* 3ª ed. São Paulo: Summus.

MORAIS, J.F. Regis de (1977). *Ciência e tecnologia: Introdução metodológica e crítica.* São Paulo: Cortez e Moraes.

NOSELLA, Paolo (1983). "Compromisso político como horizonte da competência técnica". *Educação e Sociedade* 5(14), abril, pp. 91-97.

OLIVEIRA, João Batista Araujo e (org.) (1977). *Perspectivas da tecnologia educacional.* São Paulo: Pioneira.

________ (1980). "Tecnologia educacional no Brasil". *Cadernos de Pesquisa* (33), maio, São Paulo, pp. 61-69.

OLIVEIRA, Maria Rita Neto Sales (1988). O *conteúdo da didática: Um discurso da neutralidade científica*. Belo Horizonte: UFMG.

PAULO, Iliana (1988). "A dimensão técnica da prática docente". *In:* CANDAU, Vera Maria (org.). *Rumo a uma nova didática*. Petrópolis: Vozes.

PFROMM NETTO, Samuel (1976). *Tecnologia da educação e comunicação de massa*. São Paulo: Pioneira.

RAMOS, César A. (1980). "Tecnocracia e escola". *Educação e Sociedade* 2(5), janeiro, Campinas, pp. 108-122.

REZENDE, Antonio Muniz de (1978). "Educação e ser no mundo: Projeto de uma fenomenologia da educação". Tese de livre-docência. Campinas: Unicamp.

ROSAS, Paulo (1984). "A psicologia na Revista Brasileira de Estudos Pedagógicos". *Revista Brasileira de Estudos Pedagógicos* 65(150), maio/agosto, Brasília, pp. 314-336.

ROMANELLI, Otaíza de Oliveira (1978). *História da educação no Brasil (1930-1973)*. Petrópolis: Vozes.

SÁ, Nicanor Palhares de (19860. "O aprofundamento das relações capitalistas no interior da escola". *Cadernos de Pesquisa* (57), maio, São Paulo, pp. 20-29.

SÁ BARRETO, Elba S. (1979). "Tradição tecnológica e sistema de ensino no Brasil". *Educação e Sociedade* 1(2), janeiro, Campinas, pp. 60-69.

SANDRONI, Paulo (org.) (1989). *Dicionário de economia*. 2ª ed. São Paulo: Best Seller.

SANTOS, Laymert Garcia dos (1981). *Desregulagens: Educação, planejamento e tecnologia como ferramenta social*. São Paulo: Brasiliense; Campinas: Funcamp.

SANTOS, Oder José dos (1989). "Organização do processo de trabalho docente: Uma análise crítica". (Mimeo.)

SAVIANI, Dermeval (1983a). *Escola e democracia*. São Paulo: Cortez e Autores Associados.

________ (1983b). "Tendências e correntes da educação brasileira". *In:* MENDES, Durmeval Trigueiro (coord.). *Filosofia da educação brasileira*. Rio de Janeiro: Civilização Brasileira.

________ (1983c). "Competência política e compromisso técnico ou (o pomo da discórdia e o fruto proibido)". *Educação e Sociedade* 5(15), agosto, Campinas, pp. 111-143.

________ (1984). "A filosofia da educação no Brasil e sua veiculação pela Revista Brasileira de Estudos Pedagógicos". *Revista Brasileira de Estudos Pedagógicos* 65(150), maio/agosto, Brasília, pp. 273-290.

________ (1986). "A pedagogia histórico-crítica no quadro das tendências críticas da educação brasileira". *Ande* 5(11), São Paulo, pp. 15-23.

SEVERINO, Antonio Joaquim (1978). "Educação e despersonalização na realidade social brasileira". *In:* MORAIS, J.F. Regis de (org.). *Construção social da enfermidade*. São Paulo: Cortez e Moraes.

________ (1986). *Educação, ideologia e contra-ideologia*. São Paulo: EPU.

SILVA, Ezequiel Theodoro da (1989). *O professor e o combate à alienação imposta*. São Paulo: Cortez e Autores Associados.

SILVA, Teresa Roserley N da (1989). "Influências teóricas no ensino e currículo no Brasil". *Cadernos de Pesquisa* (70), agosto São Paulo, pp. 5-19.

SKINNER, Burrhus Frederic (1972). *Tecnologia do ensino*. São Paulo: EPU.

SOARES, Magda Becker (1984). "Travessia: Tentativa de um discurso da ideologia". *Revista Brasileira de Estudos Pedagógicos* 65(150), maio/agosto, Brasília, pp. 337-368.

TAVARES, José Nilo (1980). "Educação e imperialismo no Brasil". *Educação e Sociedade* 2(7), setembro, Campinas, pp. 5-52.

THIOLENT, Michel (1979). "Aspectos sociais da didática universitária". *Educação e Sociedade* 1(4), setembro, Campinas, pp. 123-137.

TRAGTENBERG, Maurício (1979). "A delinqüência acadêmica". *Educação e Sociedade* 1(3), maio, Campinas, pp. 76-82.

VASCONCELOS, Iolani (1988). "A metodologia enquanto ato político da prática educativa". *In:* CANDAU, Vera Maria (org.). *Rumo a uma nova didática*. Petrópolis: Vozes.

VEIGA, Ilma Passos A. (coord.) (1988). *Repensando a didática*. Campinas: Papirus.

2
AULA EXPOSITIVA: SUPERANDO O TRADICIONAL

*Antonia Osima Lopes**

Na execução do trabalho didático, o professor está sempre se deparando com a necessidade de definir as técnicas que irá utilizar para desenvolver os conteúdos de seu programa de ensino. Essa é uma tarefa tão inerente ao trabalho docente que é comum em todos os graus de ensino.

O professor criativo, de espírito transformador, está sempre buscando inovar sua prática e um dos caminhos para tal fim seria dinamizar as atividades desenvolvidas em sala de aula. Uma alternativa para a dinamização seria a variação das técnicas de ensino utilizadas; outra seria a introdução de inovações nas técnicas já amplamente conhecidas e empregadas.

Analisando as tendências pedagógicas presentes na educação brasileira, verifica-se que a aula expositiva se contrapõe a uma variedade de modernas técnicas de ensino. Assim sendo, seria válido questionar se essa atividade ainda poderia ser considerada uma técnica de ensino capaz de produzir uma aprendizagem duradoura por parte dos alunos.

* Universidade Federal do Piauí.

Seria também oportuno questionar por que, a despeito de tantas falhas apontadas, a aula expositiva nunca tenha sido relegada na prática pedagógica em nossas escolas.

Partindo dessas questões, aborda-se a utilização da aula expositiva como uma técnica de ensino que, mesmo sendo considerada tradicional, verbalista e autoritária, poderá ser transformada em uma atividade dinâmica, participativa e estimuladora do pensamento crítico do aluno.

1. A trajetória da aula expositiva

Na literatura didática a aula expositiva tem sido identificada como a mais tradicional das técnicas de ensino. Na educação brasileira sua utilização como meio de transmissão de conhecimentos na sala de aula aparece desde o plano pedagógico dos jesuítas, considerado como o marco inicial do ideário pedagógico nacional, até os mais recentes livros de didática. Nos estudos sobre a prática pedagógica tem sido apontada como a atividade mais empregada pelos professores e a preferida pelos estudantes, seja de primeiro grau, segundo grau ou de nível superior.[1]

Com o surgimento de críticas ao ensino verbalista, centrado no professor, o qual se contrapunha aos chamados métodos modernos de ensino, a aula expositiva passou a ser vista como técnica ultrapassada, sendo os professores que continuavam a utilizá-la como atividade predominante na sala de aula tachados de conservadores e contrários a inovações em sua prática pedagógica. Essa mudança de concepção, contudo, não ocorreu aleatoriamente nos meios escolares, mas foi reflexo do ideário pedagógico subjacente à prática desenvolvida nas escolas.

De acordo com Saviani (1983a), até a década de 30, aproximadamente, predominava nas escolas brasileiras a concepção pedagógica tradicional. Nessa concepção, o professor, visto como o centro do processo de ensino, deveria dominar os conteúdos fundamentais a serem transmitidos aos

1. Ver, por exemplo, Lopes (1986), Singer (1988), Cunha (1989) e Martins (1989).

alunos. Nesse contexto, a aula expositiva era considerada como a técnica mais adequada à transmissão de conhecimentos na sala de aula.

A importância dada ao papel do professor como transmissor do acervo cultural legou ao chamado ensino tradicional um caráter verbalista, autoritário e inibidor da participação do aluno, aspectos estes transferidos para a aula expositiva, considerada como técnica de ensino padrão da Pedagogia Tradicional.

Ainda segundo Saviani (1983a), com o advento da Pedagogia Nova, em meados da década de 30, novas ideias pedagógicas começaram a ser assimiladas nas escolas. A nova tendência pedagógica ganhou corpo a partir de críticas severas à Pedagogia Tradicional, fixando-se na reversão do processo de ensino, no qual o aluno, e não mais o professor, passava a ser o centro desse processo. A ênfase voltou-se para a atividade do aluno e, nessas circunstâncias, novas técnicas de ensino foram assimiladas pelos professores, que abandonaram a aula expositiva como atividade predominante na sala de aula.

Para contrapor-se à Pedagogia Nova, surge a chamada Pedagogia Tecnicista, fundamentada nos princípios de racionalidade, eficiência e produtividade, veiculados a partir da década de 70. Nessa concepção as técnicas de ensino são analisadas sob a ótica do enfoque sistêmico, valorizando-se atividades que promoviam o parcelamento do trabalho pedagógico, como a instrução programada, os módulos de ensino e o estudo por intermédio de fichas. À aula expositiva foi transmitida uma nova conotação, traduzida por determinadas habilidades técnicas a serem desenvolvidas pelo professor.

O ideário da Pedagogia Tecnicista foi predominante até o final da década de 70, período em que começaram a surgir críticas à política educacional que supervalorizava a técnica em detrimento do humanismo, enfatizado nas concepções pedagógicas anteriores. A chamada Pedagogia Crítica, predominante na década de 80, desloca a discussão das questões didáticas do âmbito da escola para o contexto da relação intrínseca entre a escola e a realidade social.

A nova tendência pedagógica com suas questões mais amplas deixa em plano secundário a preocupação dos professores com as técnicas de ensino. A ênfase na relação dialética entre educação e sociedade implica a adoção do método dialético na prática pedagógica da sala de aula. A aula expositiva, assim como as demais técnicas de ensino, passa a ser considerada como um meio para a reelaboração dos conteúdos transmitidos na escola (Saviani 1983b).

A especificidade da aula expositiva nas diferentes tendências pedagógicas, entretanto, não significa que as características tradicionais dessa técnica foram superadas. Na prática da sala de aula o que se tem constatado é a adoção da aula expositiva com características tradicionais predominantes, ou seja, atividade exclusiva do professor e passividade dos alunos. Essa realidade, contudo, pode ser decorrência das contradições existentes entre a formação teórica do professor e as situações de trabalho encontradas nas instituições de ensino.

Nesse sentido, Saviani (1983a) adverte que, ao fazer-se uma análise das concepções teóricas subjacentes à prática pedagógica, verifica-se que as diferentes tendências continuam presentes no fazer docente dos educadores em geral. Elas se inter-relacionam nessa prática de tal forma que um mesmo professor poderá apresentar, em diferentes momentos de seu trabalho, características de todas as tendências. Daí que a aula expositiva sempre esteve presente na metodologia adotada pelos professores em qualquer grau de ensino, passando à margem das teorizações acerca do processo pedagógico.

Em relação à fundamentação teórica dos cursos de formação de professores, numa revisão da literatura adotada, percebe-se uma predominância de autores que abordam as técnicas de ensino de forma mecânica, não contextualizada.[2] Uma análise dessa literatura é importante uma vez que por seu intermédio é possível identificar-se o significado da aula expositiva veiculado nas instituições formadoras de professores. A utilização das técnicas de ensino, quando assimilada sem uma análise

---

2. Entre esses autores, os mais encontrados na bibliografia da grande maioria dos programas de didática são: Irene Melo de Carvalho, Luiz Alvez de Matos, Imideo Nérici e Alaide Lisboa de Oliveira.

crítica, ocasiona uma prática pedagógica mecânica, onde predomina a relação autoritária do professor na sala de aula. No que se refere à aula expositiva, a incidência de sua utilização de forma mecânica ou crítica parece ainda não ter sido objeto de pesquisas consistentes. Entretanto, na vivência da prática pedagógica o que se observa é a predominância de sua aplicação de forma mecânica, desvinculada de uma abordagem crítica e provocativa da participação do aluno.

2. Significado da aula expositiva veiculado nos livros de didática

Em geral, a literatura didática conceitua aula expositiva como uma comunicação verbal estruturada, utilizada pelos professores com o objetivo de transmitir determinados conteúdos aos alunos. Segundo Matos (1976), é o procedimento de ensino por meio do qual o professor apresenta um assunto definindo-o, analisando-o e explicando-o. Para Nérici (1981), é a apresentação oral de um tema logicamente estruturado. Outros autores, como Carvalho (1974) e Oliveira (1986), não apresentam uma conceituação da técnica, entretanto, se detêm em especificar suas características para clarificar o seu significado. Nessa caracterização observam-se duas posições dos autores: uma é a ênfase na linguagem oral como recurso principal da aula expositiva; outra é a observação de que a técnica é recomendável apenas para transmissão de assuntos predominantemente teóricos.

Na especificação de quando se deve utilizar a aula expositiva é consenso entre os autores que a técnica mostra-se mais eficiente à medida que são atendidos os objetivos a que se propõe. Para Carvalho (1974), esses objetivos são: introduzir um novo assunto do programa de ensino; permitir uma visão global e sintética de um assunto; apresentar e esclarecer conceitos básicos de determinada unidade de estudo; concluir estudos.

Para Matos (1976), o objetivo da aula expositiva é somente conseguir que os alunos adquiram uma compreensão inicial, indispensável para a aprendizagem de um novo assunto. Isso significa que uma aprendizagem total não pode ser alcançada numa aula expositiva, mas apenas uma primeira compreensão de informações essenciais.

Nérici (1981) enfatiza que a aula expositiva objetiva economizar tempo quando há urgência em se apresentar um assunto, bem como possibilitar a transmissão de informações e experiências que ainda não tenham sido publicadas. Ramos e Rocha (1981) acrescentam que a aula expositiva objetiva ainda retomar aspectos importantes do conteúdo, seja na conclusão de uma unidade de estudo ou no fechamento de assuntos estudados em grupo.

Como características da aula expositiva bem organizada os autores concordam em que: é necessário o domínio do conteúdo por parte do professor; três etapas devem ser observadas na sua aplicação: introdução, desenvolvimento e conclusão; a aula deve ser ilustrada com recursos didáticos que estimulem a atenção dos alunos.

Embora se perceba em alguns pontos referências ao aluno, em geral as ideias dos autores deixam transparecer um domínio absoluto da situação de aula por parte do professor na aplicação dessa técnica de ensino. Deduz-se dessa caracterização a existência de uma relação unilateral: o professor como único detentor do saber e condutor exclusivo do processo de ensino. O aluno é referido apenas como o sujeito a quem a aula é dirigida.

Reduzindo a participação do aluno na aula expositiva os autores de tendência pedagógica tradicional ressaltam o autoritarismo do professor. Também, reduzem a aprendizagem apenas a níveis superficiais considerando que não ressaltam a oportunidade de questionamento por parte dos alunos. Neste aspecto, alguns autores deixam entender que, dependendo do grau de estruturação do conteúdo, questionamentos não são permitidos porque acabam por interferir na ordenação lógica das ideias do professor.

Ainda na caracterização da aula expositiva os autores consultados apontam uma série de vantagens para a técnica. A economia de tempo, por exemplo, é bastante ressaltada. Isso significa que determinado assunto poderá ser sintetizado de tal forma por uma exposição que, previsto para ser estudado em quatro horas, por exemplo, poderá ser apresentado em apenas uma hora. Outra vantagem citada é que esta técnica supre a falta de bibliografia para o aluno em duas situações: quando determinado assunto não foi ainda amplamente divulgado e quando há dificuldade de acesso às publicações existentes.

Uma terceira vantagem atribuída à aula expositiva é que a técnica ajuda na compreensão de assuntos considerados complexos. Nesse caso, cabe ao professor traduzir em linguagem mais simples os assuntos considerados áridos, fazendo uso de ilustrações e exemplificações que facilitem o entendimento por parte dos alunos. Para Ramos e Rocha (1981), quando a aula expositiva suscita perguntas, ela estimula o pensamento criador do aluno, sendo esta outra vantagem destacada na literatura.

Vale ressaltar que a ocorrência de perguntas na aula expositiva utilizada de forma mecânica é sempre muito limitada. Nessa condição o professor cultiva uma relação autoritária na sala de aula, onde os conteúdos estudados são recebidos como conhecimentos acabados. Nessa situação os alunos agem apenas como meros receptores, mostrando-se passivos e desmotivados para a reelaboração dos conhecimentos aprendidos. Dessa forma, o pensamento criador e a capacidade crítica dos alunos não têm oportunidade de serem estimulados.

Os autores consultados também chegam a apontar algumas limitações da aula expositiva. Uma delas é a ênfase na comunicação verbal, ou seja, o professor tende a falar por mais tempo do que deveria, restringindo assim a participação do aluno. Esse desvio, por sua vez, acaba por provocar comodismo ou passividade dos alunos que se limitam a absorver tudo o que o professor fala.

Para os autores, no entanto, essa falha poderá ser eliminada se forem observados certos indicadores considerados como elementos-chave para uma aula expositiva bem sucedida: planejamento criterioso da aula, determinando seu objetivo, traçando o esquema essencial do assunto, calculando bem o tempo previsto; uso de linguagem clara e precisa; utilização de recursos didáticos que mantenham o interesse do aluno; ao final da aula, fazer uma síntese do assunto estudado.

Embora as recomendações acima possam efetivamente melhorar a dinâmica da aula expositiva, sua adoção de forma mecânica resultará na mesma relação autoritária do professor que age como condutor exclusivo do processo de ensino. Isso significa que seguir apenas as orientações práticas, sem uma análise crítica da técnica, não garante o sucesso da aula expositiva, nem a tornam uma técnica estimuladora do pensamento criador do aluno.

De outra parte, numa concepção pedagógica crítica, a adoção de uma técnica de ensino extrapola seu caráter instrumental. Compreendendo a inter-relação entre educação e a prática social, o professor adepto da concepção crítica busca no interior da sala de aula utilizar as técnicas de ensino como meios para a aquisição do saber sistematizado, a reelaboração desse saber e a produção de novos conhecimentos. Nessa perspectiva, a aula expositiva pode perfeitamente assumir um caráter transformador por intermédio da troca de experiências entre professor e alunos, numa relação dialógica.

Ao constatar-se que a aula expositiva, proclamada como técnica predominante na Pedagogia Tradicional, sempre esteve presente na prática docente, independente da concepção pedagógica subjacente em determinados períodos da educação brasileira, reconhece-se que essa técnica de ensino ao invés de ser rejeitada pelos professores deve ser transformada, objetivando se tornar um eficiente instrumento de trabalho docente. A falha na interpretação tradicional da aula expositiva parece estar na ausência de vinculação da técnica com o contexto social. Os autores que tratam essa técnica de forma tradicional não consideram a prática educativa como uma prática social e, como tal, expressam um reducionismo ao contexto pedagógico intramuros da instituição de ensino.

Segundo Saviani (1983b), na perspectiva de uma concepção pedagógica crítica, não existe preferência por determinadas técnicas de ensino e condenação de outras. Uma pedagogia que busque a vinculação contínua e permanente entre educação e meio social deve estar empenhada no bom funcionamento da escola e, portanto, interessada em técnicas de ensino que produzam aprendizagens substanciais para os alunos. Tais técnicas devem se situar acima dos procedimentos didáticos chamados tradicionais, gerando-se a partir das contribuições que os mesmos podem proporcionar a um ensino transformador. São técnicas que estimulam a atividade e iniciativa dos alunos sem dispensar a iniciativa do professor, ao mesmo tempo em que podem favorecer o diálogo dos alunos entre si e com o professor sem deixar de valorizar o diálogo com a cultura acumulada historicamente.

Assumindo essa concepção pedagógica como fundamento é possível transformar a aula expositiva numa técnica de ensino dinâmica e capaz de desenvolver o pensamento crítico do aluno, dando-lhe oportunidade para o desenvolvimento da reflexão crítica, da criatividade e da curiosidade científica, atributos essenciais numa educação transformadora.

3. A aula expositiva dialógica

Uma alternativa para transformar a aula expositiva em técnica de ensino capaz de estimular o pensamento crítico do aluno é dar-lhe uma dimensão dialógica. Essa forma de aula expositiva utiliza o diálogo entre professor e alunos para estabelecer uma relação de intercâmbio de conhecimentos e experiências. O diálogo, entretanto, deve ser considerado não apenas como uma conversação, mas como uma busca recíproca do saber (Freire e Guimarães 1982).

De acordo com Freire e Shor (1986), o ensino dialógico se contrapõe ao ensino autoritário, transformando a sala de aula em ambiente propício à reelaboração e produção de conhecimentos.

Na aula expositiva dialógica o professor toma como ponto de partida a experiência dos alunos relacionada com o assunto em estudo. Os conhecimentos apresentados pelo professor são questionados e redescobertos pelos alunos a partir do confronto com a realidade conhecida. Ao contrário do que ocorre na aula expositiva tradicional, a aula expositiva dialógica valoriza a vivência dos alunos, seu conhecimento do concreto, e busca relacionar esses conhecimentos prévios com o assunto a ser estudado. O fundamento dessa nova dimensão da técnica é que somente partindo-se do concreto é possível chegar a uma compreensão rigorosa da realidade (Freire e Shor 1986).

Ouvindo cada aluno falar sobre sua realidade, suas experiências de vida no contexto em estudo, o professor caminha com eles na busca de uma compreensão crítica, e ao mesmo tempo científica, da realidade global. Essa pesquisa da vivência dos alunos transporta-os para além dos limites do conteúdo restrito da aula e até do currículo do curso. Paralelamente, os alunos são despertados para observar melhor a realidade à sua volta e para estarem atentos aos acontecimentos fora dos limites da instituição de ensino. Nesse sentido, tornam-se pesquisadores ativos do conteúdo junto com o professor, embora não tenham recebido roteiro preestabelecido para isso.

Considerando-se a dimensão instrumental da aula expositiva dialógica é possível especificar alguns elementos desencadeadores do processo dialógico entre professor e alunos. Um desses elementos é a problematização. Problematizar significa questionar determinadas situações, fatos, fenômenos e ideias, a partir de alternativas que levem à compreensão do problema em si, de suas implicações e de caminhos para sua solução. Estimular os alunos a levantar problemas e identificar as respectivas alternativas de solução é uma atitude docente transformadora, pois esse tipo de exercício conjunto na sala de aula leva à reelaboração e produção de conhecimentos.

Diferentemente do que ocorre na relação pedagógica tradicional, com a problematização o conteúdo apresentado pelo professor pode ser contestado e redescoberto pelos alunos. Segundo Freire e Shor (1986), a problematização é gerada pela curiosidade do aluno, a qual, por sua vez, leva a uma percepção: crítica da realidade. Dessa forma, utilizar-se da problematizaçao na aula expositiva significa eliminar a passividade e a simples memorizaçao por parte dos alunos, e ainda o verbalismo por parte do professor, presentes na aula expositiva tradicional.

Outro elemento dinamizador na aula expositiva dialógica é a pergunta. De acordo com Freire e Faundez (1985), a produção e a reelaboração de conhecimentos começam a partir de uma indagação. Isso significa dizer que é a partir da vontade em querer saber algo que o conhecimento passa a ser produzido.

Em geral, na aula expositiva tradicional, o professor apresenta respostas sem que os alunos tenham lhe perguntado algo. Isso ocorre porque o autoritarismo da Pedagogia Tradicional dá ao professor a diretividade do processo de ensino, resultando em bloqueio das experiências dos alunos e inibindo, quando não reprime, a capacidade de questionar os conhecimentos aprendidos. E importante ressaltar que na aula expositiva dialógica o intercâmbio de experiências não se explicita na simples fórmula de perguntas e respostas. Vai mais além, proporcionando uma troca de conhecimentos em que professor e alunos reaprendem por intermédio da descoberta coletiva de novas interpretações do saber sistematizado.

Segundo Freire e Faundez (1985), somente a partir da pergunta é que se devem buscar respostas e não o contrário. Estabelecer respostas não provoca curiosidade nem produção de conhecimento; apenas reprodução. Contudo, o que se observa na prática é que o professor que adota a Pedagogia Tradicional como fundamento de seu trabalho vê a natureza desafiadora da pergunta como um desrespeito à sua autoridade na sala de aula. O professor que adota a Pedagogia Crítica, ao contrário, por meio da pergunta busca incentivar a curiosidade dos alunos e desenvolver neles uma atitude científica. De outra parte, para esse professor não podem existir perguntas sem sentido ou fora de propósito. O professor que não quer bloquear a curiosidade de seus alunos, mas sim incentivar a produção do conhecimento, jamais desconsidera uma pergunta em aula, mesmo que ela possa lhe parecer ingênua ou despropositada. Ao perceber uma pergunta mal formulada, o papel do professor é ajudar o aluno a refazer a pergunta, pois essa atitude educa o aluno para o aprender a perguntar.

Considerando a relação professor-aluno, o caráter de dialogicidade presente no enfoque da aula expositiva dialógica não significa que a diretividade do professor seja totalmente eliminada na sala de aula, caindo-se numa permissividade. Para Freire e Shor (1986), nessa relação, o professor também entra com o saber, mas ao mesmo tempo participa de um processo de reaprender. Na aula expositiva tradicional o professor se coloca como uma autoridade que transfere conhecimentos aos alunos; na aula dialógica, embora permaneça como o sujeito que domina o saber, o professor dá ao conteúdo um caráter democrático uma vez que a forma de apresentar o saber é compartilhada com os alunos.

Em termos instrumentais, a prática rotineira do professor fazer um resumo no final da aula expositiva tradicional também poderá ser adotada na aula dialógica. Entretanto, nessa modalidade os alunos são estimulados a participar da organização do resumo, exercitando assim seu pensamento criador.

Em síntese, uma aula expositiva dialógica se opõe a uma aula expositiva tradicional porque por intermédio do diálogo os alunos são estimulados a compartilhar da reelaboração dos conhecimentos e incentivados a produzir novos conhecimentos a partir dos conteúdos aprendidos.

4. Considerações finais

A dimensão dialógica da aula expositiva tem o propósito de transformar essa técnica de ensino em uma atividade geradora tanto da reelaboração de conhecimentos, quanto de sua produção. Adotando-a na sala de aula, o professor estará efetivamente praticando uma educação transformadora, considerando-se que: a aula dialógica favorece a compreensão dos determinantes sociais da educação porque permite o questionamento; ao mesmo tempo em que proporciona a aquisição de conhecimentos, favorece sua análise crítica, resultando na produção de novos conhecimentos; elimina a relação pedagógica autoritária; valoriza a experiência e os conhecimentos prévios dos alunos; estimula o pensamento crítico dos alunos por meio de questionamentos e problematizações.

Dessa forma, adotar técnicas de ensino transformadoras é uma decisão sábia por parte do professor interessado em aperfeiçoar sua prática pedagógica. A sala de aula é um dos poucos espaços que o professor possui para contribuir no esforço coletivo dos educadores críticos em busca de uma educação capaz de diminuir as desigualdades sociais. Adotando uma metodologia de ensino crítica o professor poderá originar transformações substanciais na educação, visto que uma instituição de ensino acaba por se configurar na forma como os professores se organizam e como pensam e agem. E na perspectiva de querer contribuir para a formação de educandos, que vejam a realidade com espírito crítico, é que o professor deve avaliar permanentemente sua atuação e buscar alternativas transformadoras para aperfeiçoá-la. Em todos os sentidos de seu trabalho educativo, deve atuar para transformar e não para conservar os fatores negativos que interferem no processo de ensino.

Concluindo, no que se refere à adoção de técnicas de ensino, o professor preocupado com a aprendizagem de seus alunos deve estar sempre empenhado em utilizar procedimentos que se mostrem eficientes nesse propósito. Tais procedimentos situar-se-ão para além das classificações teóricas, importando apenas que se mostrem facilitadoras da integração entre o conteúdo em estudo e as experiências e conhecimentos prévios dos alunos.

A aula expositiva, estruturada a partir da Pedagogia Tradicional, tem sido criticada pela forma como vem sendo adotada pela grande maioria dos professores, a saber, de modo mecânico e desvinculado da prática social, produzindo uma postura autoritária do professor e inibição da participação do aluno. Entretanto, nem todas as aulas expositivas podem ser consideradas com essas características. Adotando uma atitude dialógica um professor poderá ser muito dinâmico e transformador por intermédio de suas aulas expositivas. A questão não está em se rotular essa técnica como tradicional e rejeitá-la como meio de ensino. Ocorre que professores com atitudes tradicionais tornarão uma aula autoritária, monótona e desinteressante, seja ela expositiva ou não, enquanto que professores com atitude crítica mostram-se capazes de levar seus alunos a reelaborar ou produzir conhecimentos por meio de aulas expositivas.

Numa perspectiva geral, é importante ressaltar que a aula expositiva é uma técnica de ensino semelhante às demais, apresentando vantagens e limitações, exigindo determinadas condições para ser bem-sucedida. Numa perspectiva crítica, a aula expositiva pode se transformar numa técnica que estimula a atividade e a iniciativa dos alunos sem prescindir da iniciativa do professor; favorece o diálogo entre professor e alunos, e dos alunos entre si, sem cair numa prática permissiva; e considera os interesses e experiências dos alunos sem desviar-se da sistematização lógica dos conteúdos previstos nos programas de ensino.

Bibliografia

CARVALHO, Irene M. (1974). O *processo didático.* 3ª ed. Rio de Janeiro: Fundação Getúlio Vargas.

CUNHA, Maria Isabel da (1989). O *bom professor e sua prática.* Campinas: Papirus.

FREIRE, Paulo e GUIMARÃES, Sergio (1982). *Sobre educação (diálogos),* v. I. Rio de Janeiro: Paz e Terra.

FREIRE, Paulo e FAUNDEZ, Antonio (1985). *Por uma pedagogia da pergunta.* 2ª ed. Rio de Janeiro: Paz e Terra.

FREIRE, Paulo e SHOR, Ira (1986). *Medo e ousadia: O cotidiano do professor.* Rio de Janeiro: Paz e Terra.

LOPES, Antonia O. (1986). "O ensino superior de Ciências Agrárias: Um estudo dos cursos de Agronomia e Veterinária da Universidade Federal do Piauí". Dissertação de mestrado. Campinas: Universidade Estadual de Campinas.

MARTINS, Pura Lucia O. (1989). *Didática teórica, didática prática: Para além do confronto.* São Paulo: Loyola.

MATOS, Luiz A. de (1976). *Sumário de didática geral.* 12ª ed. Rio de Janeiro; Aurora.

NÉRICI, Imideo G. (1981). *Metodologia do ensino: Uma introdução.* 2ª ed. São Paulo: Atlas.

OLIVEIRA, Alaide L. de (1986). "Aula magistral-aula expositiva". *Tecnologia Educacional* 73, novembro/dezembro, Rio de Janeiro, pp. 46-48.

RAMOS, Cosete e ROCHA, A.B. (1981). "Aula expositiva: Por que não?". (Mimeo.)

SAVIANI, Dermeval (1983a). "Tendências e correntes da educação brasileira". *In:* MENDES, Durmeval T. (coord.). *Filosofia da educação brasileira.* Rio de Janeiro: Civilização Brasileira, pp. 19-47.

________ (1983b). *Escola e democracia: Teorias da educação, curvatura da vara, onze teses sobre educação e política.* São Paulo: Cortez, Autores Associados.

SINGER, Suzana (1988). "Maioria dos estudantes prefere aula expositiva a seminário". *Folha de S.Paulo,* São Paulo, 8 de maio, 2º caderno, p. 31.

3

O ESTUDO DE TEXTO COMO TÉCNICA DE ENSINO

Jorcelina Queiroz de Azambuja
*Maria Letícia Rocha de Souza**

Partindo-se do ponto de vista de que as técnicas de ensino são meios que operacionalizam o fazer pedagógico, abordaremos, neste capítulo, o Estudo de Texto como ato produtivo.

Assim sendo, estudar um texto é trabalhar nele de modo analítico e crítico, desvendando-lhe sua estrutura, percebendo os recursos utilizados pelo autor para a transmissão da mensagem, descobrindo o objetivo do autor, antevendo hipóteses, testando-as, confirmando-as ou refutando-as. Para que o Estudo de Texto se realize com plenitude, além do desenvolvimento das habilidades de compreensão, análise, síntese, julgamento, inferência etc., é necessário que haja, também, uma etapa final, em que os alunos exteriorizem, pela produção própria, algo que adquiriram com o Estudo de Texto.

Uma das vantagens dessa técnica é o fato de ela envolver o aluno, fazendo-o realizar o seu estudo, portanto, operando. O Estudo de Texto

* Professoras do Departamento de Letras da Universidade Federal de Uberlândia.

levará o aluno, por intermédio de etapas bem definidas, a desenvolver a "capacidade de interpretação" (Colleto 1982), quer seja com assistência mais direta do professor, quer seja com instruções que orientarão o aluno a caminhar sozinho entre os meandros do texto.

Nosso intuito, neste trabalho, não é oferecer um roteiro rígido, mostrando como a técnica se processa, mas sugerir alguns pontos para reflexão e algumas etapas que poderão ser seguidas, reformuladas, ou não, de acordo com os objetivos, o interesse dos alunos, o tipo de clientela etc.

Nessa perspectiva, abordaremos o Estudo de Texto numa dimensão teórico-prática, fundamentando alguns pontos que julgamos importantes ao lado de exemplificações, numa tentativa de maior clareza. Assim, pois, tomamos como exemplo a obra *Ciganos* de Bartolomeu Campos Queirós (Belo Horizonte: Miguilim, 1985). Valemo-nos, para este capítulo, de uma experiência realizada em Escolas da Comunidade de Uberlândia, com alunos de 8ª série que mostraram interesse pelo tema "cigano".

1. Considerações sobre leitura em uma situação de Estudo de Textos

1.1. Concepção de leitura

Para se explanar sobre Estudo de Texto, faz-se necessário tecermos, inicialmente, algumas considerações sobre leitura, nos casos em que só se estuda um texto lendo-o e relendo-o várias vezes. Para isto, faremos alguns comentários sobre o conceito de leitura que norteou a nossa posição sobre o Estudo de Texto que este capítulo pretende explicitar.

Tomando como base alguns livros didáticos, o Estudo de Texto apoia-se em atividade de leitura superficial, levando o aluno a uma atitude passiva e, consequentemente, a um desinteresse total pela mesma. Pouco se desenvolvem as habilidades intelectuais, tais como: compreensão, interpretação, análise, síntese e (re)criação de novos textos. Diante desse fato, o Estudo de Texto tem se limitado em um nível superficial e não a um ato de ler como ação, levando o leitor a extrair significados, como afirma Cabral (1987). Lamentavelmente tais modelos, de muitos livros didáticos, não colocam o aluno em uma atitude ativa no processo de leitura, ou seja, em uma situação de sujeito-agente, ao contrário, deixam o aluno em uma posição de sujeito-paciente.

Partiremos, neste capítulo, da concepção de que o Estudo de Texto deve-se basear na concepção de leitura como sendo um ato dinâmico, ativo e produtivo, em que o ato de ler não é visto como uma mera decodificação de uma mensagem, mas sim como uma atividade interativa entre leitor-autor-texto-contexto. Conforme afirma Kleiman (1989), essa interação deve-se ao fato de leitor e autor serem "sujeitos sociais" e fazerem da leitura algo "dinâmico e mutável"; a leitura não é, pois, um "processo mecânico", mas, pelo contrário, deve levar o leitor a questionar, a confrontar, a levantar – testar – hipóteses, a buscar significados e descobrir, enfim, que o texto pode oferecer "múltiplos sentidos" (Orlandi 1984).

Diante dessas considerações sobre leitura, ressaltamos o grau de responsabilidade do professor de Língua Portuguesa, pois um de seus objetivos é o de formar o "leitor maduro" (Lajolo 1984), ou seja, um leitor capaz de relacionar as suas "histórias de leituras" (Orlandi 1984) com a história de leitura do texto para explicitar o significado deste.

Para se fazer um bom Estudo de Texto é preciso que o leitor seja capaz de utilizar, de maneira adequada e em momentos apropriados, os dois processos de leitura – descendente e ascendente – de tal modo que um complemente o outro, segundo a teoria de Kato (1987). O contato com o texto pode ocorrer por intermédio de uma leitura ascendente, levando o leitor a partir de unidades menores, de detalhes que o texto oferece, para se chegar ao significado global do mesmo (Kleiman 1989). Por outro lado, a compreensão do texto pode também ocorrer em um processo descendente pelo qual parte-se de uma visão global, isto é: o leitor direciona-se das partes maiores para as partes menores, sempre numa tentativa de buscar o significado, levantando hipóteses por meio de pistas oferecidas pelo texto.

2. Sugestões de uma prática pedagógica

Para tornarmos mais claras e concretas estas reflexões, explicitaremos o fazer *pedagógico* no *nível* de leitura extraclasse, tomando como referencial a obra *Ciganos* de Bartolomeu Campos Queirós. Como recurso didático, dividimos o Estudo do Texto em etapas.

2.1. A predisposição para a leitura

Antes de qualquer Estudo de Texto, é preciso preparar o aluno para a leitura. Grande parte do sucesso desse estudo está nessa fase de predisposição para a leitura, na qual o professor motivará o aluno despertando nele o interesse pelo texto a ser estudado. Motivar é predispor alguém a fazer alguma coisa, é aguçar a curiosidade, é impulsionar alguém para a realização de alguma tarefa, enfim, ativar o conhecimento.

Sugerimos, pois, que o texto não seja entregue "secamente" ao aluno. É importante que haja uma preparação prévia, partindo-se de experiências já vivenciadas pelo mesmo até se chegar ao texto propriamente dito.

Para isso, o conhecimento prévio do aluno, quer seja linguístico – conhecimento dos recursos que a língua oferece quer seja extralinguístico – tudo que não se enquadra às exigências gramaticais – deve ser ativado pelo professor, para que possa haver um engajamento entre o leitor e o texto a ser estudado. Podemos, portanto, a partir das experiências reveladas pelo leitor, desencadear uma série de atividades, quais sejam: observação, discussão, relato, debate sobre filmes, pesquisa bibliográfica e de campo etc., que propiciarão enriquecimento e suscitarão interesse para as etapas posteriores do Estudo de Texto.

No caso do livro *Ciganos*, poderemos ativar o conhecimento prévio do aluno, solicitando dele uma pesquisa bibliográfica ou de campo, enriquecendo assim a sua experiência. Em se tratando de nossa comunidade, será fácil incentivar o aluno a visitar tendas ciganas. Outros recursos poderão ser também utilizados nessa fase de predisposição ao Estudo de Texto, como, por exemplo, a apresentação de filmes sobre o assunto. Tais atividades podem provocar uma discussão sobre o tema com o intuito de proporcionar enriquecimento de ideias, ampliando o conhecimento prévio do aluno para que ele venha a fazer relações dessas ideias com as que surgirão quando do Estudo de Texto.

2.2. A atividade de leitura do texto

Antes de fazermos um estudo analítico do texto, é necessário que o aluno o leia, pois a materialização da mensagem, por intermédio de recursos linguísticos e/ou gráficos (Kleiman 1989) é eficazmente percebida quando se desenvolvem atividades de leitura. Tais atividades podem ser feitas individual ou coletivamente, oral ou silenciosamente.

I. A leitura individual-silenciosa

Achamos muito importante que o primeiro contato com o texto (no nosso caso, o livro) seja feito individualmente para que o aluno, de acordo com o seu ritmo próprio de leitura, busque o significado global do mesmo, relacionando suas "histórias de leituras" (Orlandi 1984) com o texto em questão. Se a leitura for feita para o aluno pelo professor, poderá acontecer um certo grau de influência na enfatização de determinadas partes ou em certos aspectos relevantes para o professor.

Esse relacionamento de "histórias de leituras" leva o aluno, no dizer de Kleiman (1984), "a criar uma atitude de expectativa prévia com relação ao conteúdo do texto lido e o leva, também, a fazer previsão e a utilizar múltiplas fontes de conhecimento na busca de uma maior compreensão".

O objetivo, pois, da leitura silenciosa-individual é a busca de significados. Por meio dessa atividade de leitura, esperamos que o aluno-leitor venha a ter uma visão geral do texto a ser estudado, visão essa que poderá ser enriquecida ou refutada após o estudo feito.

Para essa etapa, recomendamos o "processo descendente" (Kato 1987), já citado como recurso para que o aluno tenha uma visão global do texto.

II. A leitura oral

Por se tratar de uma obra, a leitura, como atividade oral, pode ser dispensada. No entanto, com textos menores, a sua utilização em sala de aula é de suma importância, principalmente no ensino fundamental, quando se propõe a leitura oral expressiva, advinda de uma interação leitor-texto. O momento propício para se desenvolver tal atividade poderá ser antes de um estudo analítico do texto ou, até mesmo, após tal estudo.

Além desse objetivo de treino expressivo de leitura oral, outro aspecto pode ser destacado, ou seja, a oportunidade que tal leitura oferece para se formar um bom ouvinte, isto é, aquele que capta a mensagem pela audição e é capaz de compreendê-la, recriando-a, para que se torne ativo na recepção da referida mensagem.

Esse tipo de leitura oral pode ocorrer individual ou coletivamente. Chamamos, aqui, de leitura coletiva aquela que envolve vários leitores, o que poderá ocorrer quando a estrutura textual permitir, por exemplo, textos dialogados. A obra em estudo, por se tratar de uma narrativa intimista, com ausência de diálogos, não propicia esse tipo de atividade.

O objetivo, pois, da leitura oral não é somente o de formar bons leitores, mas também o de formar bons ouvintes. Não se trata, portanto, de leitura soletrada e sim de uma leitura que assegure o interesse do ouvinte num processo de interação leitor-texto-ouvinte.

2.3. O Estudo de Texto propriamente dito

Após as atividades de motivação e leitura citadas anteriormente, poderemos iniciar o Estudo de Texto propriamente dito, voltando a novas leituras, tantas vezes quantas forem necessárias, de modo parcelado, facilitando assim a análise do mesmo.

Aconselhamos, aqui, que essa etapa seja feita oralmente, em grupos menores de alunos ou mesmo com todos.

A posição do professor, como estimulante, deve ser aquela que direciona, sem imposição, por intermédio de atividades sugestivasquestionadoras, a fim de que os alunos atinjam os objetivos propostos para o Estudo de Texto, chegando a um aprofundamento do mesmo. É exatamente nesse momento que a compreensão deixa de ser superficial, à medida que o aluno levanta hipóteses, para testá-las, confirmá-las ou refutá-las; pois, como afirma Kleiman (1989) "a leitura é uma atividade essencialmente preditiva de formulação de hipóteses, para a qual o leitor precisa utilizar seu conhecimento lingüístico conceitual, e sua experiência".

Vejamos agora algumas sugestões de propostas já realizadas com alunos de 8ª série da Escola Fundamental de Uberlândia. É importante esclarecer que a indicação da obra *Ciganos* deu-se para atender à solicitação dos próprios alunos que se mostraram curiosos. Queriam conhecer a vida cigana. Essa escolha do aluno, determinando um comportamento futuro do professor, que Kleiman (1989) chama de "pré-determinação do objetivo". Isso, no entanto, não invalida a posição do professor em propor objetivos, caso os mesmos não sejam levantados pelos alunos. Enfim, a leitura deve ser motivada para um propósito e, não apenas, como já dissemos anteriormente, restringir-se a uma atividade mecânica.

Definido, portanto, o objetivo do Estudo de Texto – no nosso caso, o conhecimento da vida cigana –, poderemos trabalhar o texto em dois níveis: o verbal e o não verbal.

No nível não verbal, observando-se o desenho da capa do livro, podemos fazer algumas relações com dados do conhecimento prévio já por nós referido. A hipótese, por exemplo, de que o cigano é nômade pode ser sugerida por intermédio de pistas depreendidas da capa, como, no caso, os traços indicativos de movimento – por exemplo: asas, a posição do braço e da perna do personagem cigano como se estivesse prestes a caminhar, não se prendendo a um determinado lugar.

E, assim, outros tantos recursos não verbais poderão servir como pistas para a testagem de tantas outras predições.

Passamos, então, a dar sugestões no nível verbal. Ainda em relação à hipótese do nomadismo, o texto oferece um *corpus* rico para que se faça um levantamento de dados que comprovem, ou não, as predições.

Nesse momento, para a confirmação das hipóteses, podemos utilizar pistas formais, ou seja, marcas que o texto escrito oferece. Para isso, tomemos, como exemplo, o seguinte trecho da obra *Ciganos*:

> Os ciganos partiram na madrugada. Enamorados da luz acordavam quando o sol se anunciava na linha do horizonte. Sem mágoas nem embaraços, despertavam a cidade com suas vozes e ruídos de vasilhas. Sem ressentimentos desfaziam a colorida vila com a mesma euforia da chegada. (Queirós 1985)

Na análise no nível verbal podemos ressaltar o valor das palavras e expressões. Por exemplo: o uso do verbo "partir" reforça a ideia da não fixação do homem-cigano à terra. Se o autor tivesse usado o verbo "sair", poderíamos supor um retorno, mas "partiam" – "pôr-se a caminho, deixar tudo" (Aurélio, 1986) – traz como força semântica a ideia de abandonar o local.

Outro exemplo que pode nos servir de pista para a confirmação da hipótese em questão – nomadismo – é a expressão "na madrugada", pois se fosse uma saída rápida, para locais próximos, os ciganos não precisariam ter saído tão cedo; poderiam ter saído à noite, pela manhã ou à tarde.

Outras tantas hipóteses podem ser levantadas, pois uma obra propicia inúmeras leituras. Assim, percebemos, por exemplo, a presença do traço *indefinição* que envolve o personagem do livro, um garoto, em um ambiente de mistério. A narrativa desenvolve-se lentamente e mostra, por parte da criança, a busca do desvendamento do mistério. As coisas se apresentam ao garoto num clima de indefinição e ele se questiona na busca desse desvendamento. Como muito bem exemplificou Peres (1985) há, na obra, a presença do "mistério", de um lado, e o "desejo de desvendá-lo", do outro. O aluno, por si só, não percebe, talvez, essa dicotomia. Cabe, pois, ao professor levá-lo a ler as entrelinhas, para que possa perceber, portanto, o que subjaz ao texto. Tomemos alguns trechos da obra para exemplificar esse tipo de leitura subjacente por intermédio de pistas oferecidas pelo texto:

Não sabemos seus segredos...;
... mania calada, jeito escondido...;
... desejo de ler a linha do horizonte...;
... acertar pela fantasia... e
... mistério do destino invade os habitantes... (Queirós 1985)

Se fizermos uma leitura mais atenta dessas citações, inseridas nos seus respectivos contextos, poderemos ver uma incerteza, uma certa indefinição por parte do personagem, e dos habitantes da cidade, quanto ao conhecimento da vida cigana. Isso só se percebe se fizermos uma leitura mais atenta. Explicitamos: como não se sabe de onde os ciganos vêm, quais são seus segredos, se eles têm mania calada, jeito escondido, a vida deles não é clara e transparente, há mistério envolvendo suas vidas. Por causa disso, o garoto se vê atraído a buscar clareza e deseja, portanto, ler a *linha do horizonte* e, até mesmo, lançar mão da fantasia para chegar a uma resposta satisfatória sobre quem é o cigano. Essa indefinição do mistério, do destino, envolve não só o garoto como também os demais habitantes da cidade. Há dualidade: de um lado há mistério, de outro, o desejo de desvendar tal mistério.

Assim sendo, vamos levando o aluno a fazer uma leitura de busca de significados sugeridos por pistas que o texto oferece. Se continuarmos a leitura, veremos que a indefinição persiste; a dúvida acompanha os habitantes, e seus julgamentos sobre os ciganos se revestem de incertezas. Até mesmo, num certo momento do texto, percebe-se, quando da descrição do caramujo, essa indefinição, sugerida pelo termo *quase* e pela expressão *como um vazio*, na frase: "Era de um rosa quase branco e brilhante como um vazio". Esse mesmo caramujo traz ornar, que é inacessível à criança, rodeando-a de mistério; por outro lado, há a certeza de que o mar *existia* depois das montanhas, atrás da *linha do horizonte*. E a dualidade continua: se de um lado a presença da linha do horizonte representava mistério para o garoto, por outro lado, ele desejava desvendá-lo; o menino tinha como "primeiro segredo o desejo escondido de ler a linha do horizonte e desvendar o mistério que diziam além dos mares e das montanhas".

Estudar um texto é perceber não só o que está explícito, mas também descobrir o que se apresenta de modo mais sutil. Pelas diversas leituras percebe-se, mais ainda, o traço dominante na obra: o mistério. A própria descrição da cidade não foi feita apenas mostrando suas características materiais e urbanas, mas o autor identifica-a com a poesia – em um nível de indefinição: "... a cidade como a poesia, ficava indefinida...".

Nessa linha de interpretação de texto, seria muito enriquecedor se nós, professores, trabalhássemos as antíteses, inúmeras na obra, como uma pista que levaria à confirmação da dualidade entre o não saber e o querer saber.

O Estudo de Texto não pode ser visto como uma técnica em que se pode oferecer roteiros rígidos: cada texto poderá ter um tipo de abordagem; cada turma de aluno poderá determinar a abordagem do texto; finalmente, cada professor, de acordo com o seu grau de sensibilidade e de criatividade criará condições diferentes para a abordagem do texto.

Dentro dessa visão divergente (Lajolo 1984) de leitura no Estudo de Texto, citaremos outros exemplos da obra *Ciganos* que poderão servir como ponto de partida para análise e discussão, levando nossos alunos à percepção de recursos como: a dicotomia, a poeticidade, a indefinição etc.

> ... era um menino feito de coragem e medo;
> era como a madrugada: perto de acordar, mas ainda cheio de sono;
> ... nascendo em cada chegada e morrendo em cada partida;
> ... o silêncio quietava para escutar;
> ... a verdade e a mentira se equilibram;
> ... nunca aprendi a leitura das mãos, mas, se as contemplo acerto, sempre pela fantasia;
> ... foi de seu pai que ele herdou essa mania calada, esse jeito escondido. (Queirós 1985)

Ao se estudar um texto, quando se faz uma leitura ascendente, a compreensão do vocabulário é imprescindível, pois colabora para o aprofundamento e a ampliação do conhecimento. Para isso, sugerimos que o trabalho com o vocabulário seja feito no início do Estudo de Texto e que seja retomado no decorrer do mesmo. Podemos citar alguns exemplos do livro *Ciganos,* como sugestão de um trabalho voltado não apenas para a decodificação dos significados nem tampouco para uma transcrição do dicionário. Sugerimos que o estudo do vocabulário leve o aluno a pensar nas palavras, sobre elas e com elas. O termo *milenar*, por exemplo, em: "essa maneira milenar" tem o seu significado preso à raiz da palavra *mil*. O dicionário de Caldas Aulete registra: "Milenar, o mesmo que milenário: o que tem mil anos (fig.)"; que tem relação com o algarismo mil. Após essa reflexão sobre o significado do termo, podemos passar a um nível mais ampliado e verificar o valor da palavra *milenar* no trecho: "Essa maneira milenar que os ciganos tinham de estar no mundo...". Como a técnica do Estudo de Texto deve desenvolver a habilidade de reflexão, o aluno será levado, a partir do estudo denotativo do termo, a chegar ao significado que este assume no texto. Daí, no exemplo: *milenar*, podemos inferir que a cultura cigana já se impõe há milênios, ao longo de gerações. Outro ponto importante quando se trabalha com o vocabulário de um texto é o fato de esse trabalho não se limitar, apenas, a uma pesquisa no dicionário, mas é imprescindível a volta ao texto para que haja uma compreensão adequada do emprego da palavra no mesmo.

Em síntese, um Estudo de Texto transcende a uma mera leitura linear, sendo, portanto, preciso "trabalhar o leitor (o aluno) numa perspectiva crítica, desenvolvendo nele capacidade de raciocínio para além da contextualização cognitiva estrita" (Marcuschi 1985). Esse raciocínio se opera quando se desmonta o texto para um questionamento maior, buscando-se palavras e/ou expressões consideradas como pistas, que servem para desencadear uma série de suposições que levarão o leitor a refletir sobre elas a questioná-las para posteriormente aceitá-las ou não. Enfim, a análise das partes é importante como instrumento para a compreensão global do texto.

2.4. O Estudo de Texto como gerador de outro texto

O que foi sugerido até aqui leva-nos a enfatizar um trabalho dinâmico, proporcionando ao aluno "uma realização dialética" (Indursky e Zinn 1985) por intermédio da qual ele poderá analisar, criticar e estabelecer interação com o autor, com a comunidade e com o mundo. Contudo, para nós, o Estudo de Texto ainda não termina aqui; ele se efetiva por completo a partir do momento em que propicia uma produção de novos textos.

Na etapa anterior, já sugerimos a produção, na leitura, do momento em que o ato de ler leva o aluno a descobertas, a questionamentos, na busca dos mais diferentes significados. Fazer uma leitura crítica é sair do superficial, mergulhar no texto com profundidade, desvendando-lhe os signos linguísticos e extralinguísticos, descortinando o contexto histórico-social em que ele (o texto) foi produzido (Soares 1988). O aluno nesta etapa está produzindo diferentes leituras, adquirindo novos conhecimentos, logo, produzindo e criando novos textos.

Consideramos que o texto foi bem estudado quando houve o nascimento de outro texto, isto é, se o estudo propiciou ao aluno condições de "produção ou construção de outro texto; o texto do próprio leitor" (Silva 1986). Quando o Estudo de Texto não se limita apenas a um receber de significados, de modo passivo e acrítico, ocorre uma interação entre aluno-texto-autor, gerando, no aluno, uma necessidade de expressar algo que foi ativado durante as leituras. Daí sugerirmos a produção de texto como término desta proposta, portanto, como coroamento da leitura.

Produzir um texto é pôr, para fora de si, algo interior, adquirido por intermédio de diferentes leituras; é dialogar com o leitor quer se fazendo ouvir; quer se fazendo ler (Silva 1987).

Feitas essas considerações sobre o que é produção, faremos algumas sugestões de Estudo de Texto como gerador de outro texto. São sugestões que poderão ser enriquecidas ou modificadas pela criatividade do professor. Lembramos, no entanto, que as propostas de produção de textos devem estar de acordo com o tipo de leitura feita, com as análises dadas durante o estudo. Neste caso, tendo o livro *Ciganos* como *corpus*, pudemos incentivar o aluno à criação de textos mais soltos, livres de preocupação com uma estrutura rígida.

I. Proposta de criação de texto no nível não verbal

As experiências adquiridas com o estudo poderão servir para a criação de textos dramatizados ou expressos por desenhos, colagens etc.

> a) ... como num sonho, denso e distraído, os ciganos montaram suas tendas em terreno vago, sempre perto do descampado da igreja, enquanto pelas frestas de portas e janelas tantos olhos os vigiavam.
> Nascia assim, de repente como a morte, uma vila colorida que se aninhava naquele povoado antigo.
> A presença dos ciganos mudava o ritmo de ser da cidade. Portas eram cerradas, roupas não dormiam em varal, nem cavalos soltos nos pastos. (Queirós 1985)
>
> b) ... perto de acordar, mas ainda cheio de sono. Era um menino feito de coragem e medo...
> ... seus olhos, estes eram líquidos como eram medrosos os seus gestos. (Queirós 1985)

Trabalhando os textos acima, poderemos sugerir aos alunos que façam uma encenação da chegada dos ciganos à vila, o que os levaria a criar um novo texto, tendo como base a citação:

a) em relação ao trecho (a);
b) também poderemos pedir ao aluno que, usando da sua imaginação criativa, faça um desenho daquilo que ele interiorizou.

É importante ressaltar que essas sugestões de produção de texto no nível não verbal partem de leituras do texto em questão ou de pesquisas bibliográficas sobre o tema; neste caso o tema *cigano*. Dentro dessa linha, podemos fazer uma outra sugestão, partindo do livro, do qual se pode depreender traços da cultura cigana, tais como: seu modo de vida, seus pertences etc. Os alunos poderão montar um painel, utilizando a técnica da colagem de figuras de revistas que apresentem os pertences ciganos, como: tacho, martelo, lenço com moedas etc., como marcas do contexto histórico-social.

II. Proposta de criação de texto no nível verbal

Partindo-se de situações não verbais

Num caminho inverso ao anterior, as ilustrações existentes podem servir como ponto de partida para a produção de textos verbais. Do desenho do caramujo, por exemplo, podemos solicitar ao aluno que faça uma observação minuciosa do mesmo, levando-o a se imaginar ouvindo esse caramujo para, em seguida, contar quais seriam suas emoções, seus sonhos, suas reações etc. Estaremos despertando, pois, a imaginação do aluno, enriquecendo-o com ideias para que o mesmo possa, depois, produzir um texto escrito. Se, por acaso, houvesse a possibilidade de ter em mãos um caramujo real, seria mais eficaz e mais rico o estímulo, pois, ao vê-lo, tocá-lo e ouvi-lo, o aluno partiria de um estímulo concreto para chegar a um nível de abstração maior com a escrita.

Um outro exemplo de produção de texto, partindo-se de um nível mais concreto para se chegar a um nível menos concreto da redação verbal, poderia ser a imagem em que o garoto olha o horizonte. Nesse caso, poderíamos pedir ao aluno que contasse o que ele veria além da linha do horizonte, caso estivesse na posição do menino.

Partindo-se de situações verbais

Já mostramos como se pode aproveitar estímulos não verbais para produção de textos também não verbais e, assim, como se aproveita, também, estímulos não verbais para a criação de textos verbais. Agora, sugerimos a produção de textos verbais, partindo-se de pistas verbais.

Tomando-se como exemplo o seguinte trecho da obra *Ciganos*,

> Sem mágoas nem embaraços despertavam a cidade com suas vozes e ruídos de vasilhas.
> Sem ressentimentos desfaziam a colorida vila com a mesma euforia da chegada.
> Sumiam breve, escondidos na poeira vermelha, da única estrada, que se levantava às suas passagens. (Queirós 1985)

podemos pedir ao aluno que escreva o que ele faria para esta cidade após a partida dos ciganos. Com isso, estaremos resgatando um modo rotineiro de redação, no qual o aluno dá continuidade a um texto proposto, sem, contudo, ser conduzido de modo mecânico e autoritário.

Um Estudo de Texto, por conseguinte, permeado por atividades de leitura, é considerado satisfatório quando impulsiona o aluno a criar, a recriar ou a transformar textos, movidos pela vontade de expressar aquilo que vivenciou, evidenciou, refutou ou aceitou.

Como já afirmamos, as sugestões por nós apresentadas foram de redações criativas pelo fato de o livro *Ciganos* propiciar tal tipo de produção de texto. Contudo, de acordo com o texto em estudo, outros tipos de redações podem ser sugeridas como: a objetiva, a política, a dirigida, a livre etc.

Considerações finais

Ao pensarmos na elaboração de um artigo que abordasse o Estudo de Texto como técnica de ensino a partir de um enfoque mais crítico, procuramos sugerir alguns pontos de reflexão sobre o *como* ensinar, acompanhados de exemplos que tiveram como ponto principal levar o aluno a uma atitude ativa e produtiva.

Quanto à estrutura desse artigo, fizemos, inicialmente, algumas considerações sobre o ato de ler que serviram como fundamentação para as propostas que se seguiram. Mostramos, pois, que ler é um comportamento ativo e dinâmico, muito mais que um ato mecânico de soletrar palavras; mostramos, ainda, que a leitura é uma atividade que propicia uma interação entre leitor-autor-texto-contexto.

Numa etapa posterior, passamos ao Estudo de Texto propriamente dito, sugerindo como realizá-lo, justificando nosso ponto de vista por intermédio de um embasamento teórico.

Exemplificamos as sugestões com a obra *Ciganos* para tornarmos mais claras e operacionais as nossas ideias. Partimos das atividades preparatórias de motivação para predispor o aluno, de modo favorável, ao Estudo de Texto. Após essa etapa, mostramos os tipos de leitura e a adequação dos mesmos às diversas situações. Para que o Estudo de Texto se realize com profundidade, de modo crítico e criativo, deixamos clara a posição do aluno não só na predeterminação do(s) objetivo(s) para o estudo, como também no levantamento das hipóteses que podem ser testadas, confirmadas, refutadas ou aceitas, sempre se utilizando das pistas que o texto pode oferecer.

Finalmente, partimos do pressuposto de que o Estudo de Texto se complementa com um trabalho de produção de novos textos a partir de um texto estudado.

Acrescentamos, para concluir, que o nosso intuito foi o de expor pontos de vista e o de sugerir. Nossas sugestões poderão ser enriquecidas, modificadas ou até mesmo refutadas. O importante é que nós, professores, sejamos criativos para descobrir novos meios de *como* realizar um Estudo de Texto no qual o aluno seja sujeito-ativo desse processo. Cabe ao professor, portanto, criar e deixar florescer muitas outras propostas a partir do engajamento com o texto em estudo.

Bibliografia

AULETE, Caldas (1974). *Dic. cont. da língua portuguesa.* 3ª ed. Rio de Janeiro: Delta.

BASTOS, Liliana Cabral (19870. "A leitura e escrita no 3º grau em busca da proficiência lingüística". *Revista Letras e Letras* 3(1), Uberlândia: UFU.

COLLETO, Nires (1982). *Procedimentos de ensino: Técnicas*, módulo III, secção II. Santa Maria: Universidade Federal de Santa Maria.

DUBOIS, Jean (s.d.). *Dicionário de lingüística.* São Paulo: Cultrix.

FERREIRA, Aurélio Buarque de Holanda (1986). *Novo dicionário da língua portuguesa.* 2ª ed. Rio de Janeiro: Ed. Nova Fronteira.

INDURSKI, Freda e ZINN, Maria Alice K. (1985). "Leitura como suporte para a produção textual". *Leitura: Teoria e Prática* 4(5), Porto Alegre: Mercado Aberto.

KATO, Mary (1987). O *aprendizado da leitura*. São Paulo: Martins Fontes.

KLEIMAN, Angela (1989). *Leitura: Ensino e pesquisa*. Campinas: Pontes.

_________ (1989). *Texto e leitor: Aspectos cognitivos da leitura*. Campinas: Pontes.

LAJOLO, Marisa (1984). "Tecendo a leitura". *Leitura: Teoria e Prática* 3(3), Porto Alegre: Mercado Aberto.

MARCUSCHI, Luis Antônio (1985). "Leitura como processo inferencial num universo cultural cognitivo". *Leitura: Teoria e Prática* 4(5), Porto Alegre: Mercado Aberto.

MORAES, Filho M. (1981). *Os ciganos no Brasil e cancioneiros dos ciganos*. São Paulo: Itatiaia-USP.

ORLANDI, Eni Pulcineli (1987). *A linguagem e seu funcionamento*. Campinas: Pontes.

PERES, Ana Maria C. (1985). "A semântica do mistério em Bartolomeu Campos Queirós, Belo Horizonte". *In: Revista de Estudos de Língua Portuguesa* 3(3), Faculdade de Letras, UFMG.

QUEIRÓS, Bartolomeu Campos (1985). *Ciganos*. Belo Horizonte: Miguilim.

SILVA, Ezequiel T. (1987). *O ato de ler*. São Paulo: Cortez.

SOARES, Magda (1988). "As condições sociais da leitura: Uma reflexão em contraponto". *In: Leitura perspectivas interdisciplinares*. São Paulo: Ática.

4
NA SALA DE AULA: O ESTUDO DIRIGIDO

*Ilma Passos Alencastro Veiga**

Neste artigo, procuro discutir e analisar as perguntas: por que o Estudo Dirigido? Como ele é empregado na sala de aula? Qual concepção de Estudo Dirigido é veiculada nos livros de Didática?

Para tanto, parto do pressuposto de que quando se faz indagações a respeito do emprego ou não de uma determinada técnica de ensino, é conveniente considerar a situação dos alunos provenientes das camadas mais pobres da população, bem como das condições da escola onde ocorre o trabalho pedagógico. Assim, outras indagações surgem a partir dessa problemática, dentre elas destaco:

- o que fazer para que esses alunos se sintam capazes de compreender e interpretar um texto didático?

---

* Professora de Didática do Departamento de Princípios e Organização da Prática Pedagógica da Universidade Federal de Uberlândia de março de 1981 até junho de 1989. Professora de Didática do Departamento de Métodos e Técnicas da Faculdade de Educação da Universidade de Brasília, a partir de junho de 1989.

- o que fazer para propiciar a passagem da leitura, vista como atividade repetitiva, reprodutora e alienante, para uma leitura crítica, criativa e autônoma. Ou em outras palavras, da leitura parafrástica para a leitura polissêmica?
- o que fazer para que os alunos não relutem em recorrer a livros e textos didáticos como fonte de informações?
- enfim, o que fazer para contribuir com o processo de ruptura da dependência que os alunos têm em relação ao professor?

Parece-me que a proposta técnico-política é um passo para a busca de solução pedagógica, uma vez que por meio dela o professor pode fazer alterações na sala de aula. E para não submeter o caminho de uma Didática crítica e reflexiva, que parte da análise da prática pedagógica, à sua teorização, buscando a compreensão e a explicação mais profunda, tomo por base os resultados de uma pesquisa do cotidiano escolar, o posicionamento de diferentes autores sobre o tema e, procuro por meio da análise, distinguir pontos básicos necessários ao desenvolvimento do tema – Estudo Dirigido – que julgo ser uma técnica importante para o desenvolvimento do processo de ensino.

O Estudo Dirigido no contexto da sala de aula

Ao pesquisar com os professores da escola fundamental sua percepção sobre as contribuições da Didática na formação docente* e mais especificamente ao analisar diferentes livros didáticos quanto às tarefas propostas pelos autores ou pelo professor em sala de aula, percebi uma multiplicidade de tipos de exercícios chamados indevidamente de "estudo dirigido".

---

* A contribuição da Didática na prática pedagógica de professores de 1º grau (5ª a 8ª séries) e 2º grau (Habilitação Magistério de 1º grau) é o título de pesquisa realizada pelos professores de Didática do Departamento de Princípios e Organização de Prática Pedagógica da Universidade Federal de Uberlândia.

Esses tipos de exercícios variam apenas quanto ao seu aspecto formal, uma vez que a maioria exige apenas a habilidade de memorizar e reproduzir conteúdos. Assim, encontrei exercícios de completar lacunas em que é solicitado ao aluno somente a transcrição de trechos inteiros do livro ou texto didático; *perguntas*, tipo questionário, registradas no quadro de giz ou ditadas pelo professor, exigindo respostas curtas e diretas; outra variedade são os *exercícios objetivos*, como palavras cruzadas, questões de múltipla escolha, correlação de colunas etc. Esse tipo de "estudo dirigido", se, por um lado, simplifica a proposta de estudo de um determinado conteúdo, ao propiciar também o encurtamento e a fragmentação do mesmo, por outro, transforma o ensino em uma forma de adestramento. O mais importante nesses exercícios é reter certa quantidade de conteúdo sem compreendê-lo. O conteúdo é visto como algo dogmático e inquestionável. A aprendizagem é memorística. Neste sentido, o aluno é treinado a resolver problemas específicos ou memorizar conceitos, definições, datas, nomes etc.

Há, portanto, eliminação do conflito, das divergências, da argumentação, uma vez que o "estudo dirigido" se reduz às atividades de reprodução, de cópia de respostas determinadas. O aluno é colocado diante de conclusões prontas e acabadas. Por exemplo, nas salas de aula observadas os alunos copiavam o roteiro do quadro de giz e anotavam as respostas retiradas do texto mimeografado ou livro sem nenhuma explicação ou comentário por parte do professor. Ao invés de levar os alunos a um conhecimento mais profundo sobre o conteúdo e a um posicionamento crítico perante o mesmo, a aula de História, de Língua Portuguesa, dentre outras parecia servir apenas a propósitos de memorização de fatos, de datas históricas e de regras gramaticais.

Verificou-se que o trabalho pedagógico se limitava a elaborar um roteiro ou um questionário e a reproduzir tópicos do programa de ensino. Nesta perspectiva, o resultado repercute também em prejuízo para o conteúdo do texto ou livro didático que fica simplificado e relegado a segundo plano pela multiplicidade de exercícios mecânicos. Na verdade, os "roteiros de estudo" ou as "sugestões de atividades" não enfatizam questões polêmicas e importantes do texto e nem propiciam o aprofundamento necessário à compreensão do seu conteúdo.

A análise desses resultados revela que tanto os exercícios propostos em sala de aula pelo professor, quanto os contidos nos livros didáticos, 80% são reservados às respostas curtas e 20% aos outros tipos de tarefas. Não há espaço, portanto, para as atividades que exijam habilidades intelectuais mais complexas tais como: compreensão, aplicação, análise, síntese e avaliação.

Em resumo, posso afirmar que alguns professores, para desenvolver o seu processo de ensino, procuram criar situações que favorecem a aprendizagem de seus alunos. No entanto, por desconhecerem as múltiplas determinações dos problemas e dificuldades que permeiam a sala de aula e por analisarem esses problemas apenas pelo ângulo pedagógico, eles empregam algumas técnicas sem considerar a questão do método que se fundamenta numa concepção de homem, de educação e de sociedade.

À medida que aprofundava minha análise sobre a questão do Estudo Dirigido na sala de aula, fui levantando outras indagações: qual é exatamente a visão de Estudo Dirigido veiculada nos livros didáticos? Até que ponto a bibliografia representativa da área tem contribuído para reforçar a visão reducionista da técnica do Estudo Dirigido? Enfim, qual é a função da técnica de ensino na formação do professor comprometido comas crianças provenientes das camadas mais pobres da população?

Para responder a essas indagações, senti que havia necessidade de analisar o conteúdo que é veiculado pelos livros de Didática sobre o tema Métodos e Técnicas de Ensino e de forma mais particularizada a técnica de Estudo Dirigido, a fim de compreender as implicações de seu emprego na sala de aula, por parte do professor.

O Estudo Dirigido nos livros de didática

Decidi analisar os livros de Didática da década de 60 até os dias atuais. Destaco, para análise, os que vêm sendo mais utilizados, pois isso me permite discutir como se concebe o Estudo Dirigido como técnica de ensino. Consultei dez programas de Didática para os cursos de formação de professores de diferentes instituições de ensino superior.

A partir dessa consulta, selecionei os textos e livros mais adotados e que, também, desenvolviam o tema Estudo Dirigido, para efeito de análise. A lista, contendo um texto e oito livros selecionados, com a referência bibliográfica completa, encontra-se no Quadro 1.

QUADRO 1
Livros e textos de Didática utilizados nos cursos de formação de professores, quanto ao tema "Estudo Dirigido".

	Referências bibliográficas
1	CARVALHO, Irene Mello (1979). *O processo didático.* 3ª ed. Rio de Janeiro: Fundação Getúlio Vargas.
2	COLLETTO, Nires (1982). *Procedimentos de ensino: Técnicas,* módulo III, seção II. Santa Maria: UFSM.
3	MATTOS, Luis Alves (1968). *Sumário de didática geral.* 8ª ed. Rio de Janeiro: Aurora.
4	MENDONÇA, Euclides P. "O estudo dirigido". (Mimeo.)
5	NÉRICE, Imideo G. *Introdução à didática geral,* vol. 1. 13ª ed. Rio de Janeiro: Científica.
6	OLIVEIRA, Alaíde Lisboa (1968). *Nova didática.* Belo Horizonte: Bernardo Álvares S.A.
7	PENTAGNA, Romanda (1978). *Didática geral,* vol. III. 10ª ed. Rio de Janeiro: Freitas Bastos.
8	PILETTI, Claudino (1987). *Didática geral.* 8ª ed. São Paulo: Ática,
9	VILARINHO, Lúcia Regina Goulart (1979). *Didática: Temas selecionados.* Rio de Janeiro: Livros Técnicos e Científicos.

Para captar como os livros de Didática enfatizavam o tema Estudo Dirigido, elaborou-se um roteiro que norteou a leitura dos textos sobre o assunto e, posteriormente, a análise dos dados obtidos. Eis o roteiro:

1. O que é Estudo Dirigido?
    - origem
    - modalidade
    - conceito
2. Que pressupostos respaldam a abordagem do tema?
    - pressupostos
    - objetivos
3. De que natureza são suas orientações práticas
4. Quais os momentos da ação didática são mais frequentemente enfatizados nos textos?

Para responder a essas questões, analisei o conteúdo que é apresentado pelos livros de Didática sobre o tema em pauta para verificar como os autores *veem* e transmitem o conceito de Estudo Dirigido.

Um balanço das obras didáticas apresentadas no Quadro 1 levou-me às seguintes reflexões:

1. Trata-se de um conjunto de textos com abordagens heterogêneas, onde se encontram desde um posicionamento escolanovista, com enfoque predominantemente psicológico, tão usuais em livros de Didática, até os de uma visão tecnicista, que reforça a ideia de neutralidade científica da Didática, sem, no entanto, alterar o conteúdo e a essência da técnica de ensino Estudo Dirigido. Apresenta, de modo pouco velado, a ideologia dominante, que seleciona e dosa os conhecimentos a serem transmitidos pela instituição escolar, já que o saber também é de classe. Às colocações feitas, ainda se pode acrescentar o fato de que os textos analisados não fazem referência às finalidades sociopolíticas da Educação. Neste sentido, pode-se afirmar que a técnica Estudo Dirigido é apresentada pelos livros didáticos de forma bastante simplista e empobrecida. A técnica é abordada como um recurso neutro, desvinculada dos pressupostos que embasam os métodos de ensino, autossuficiente e se reduzindo a um conjunto de orientação prescritiva.

2. Pelo exposto, fica evidente que o objetivo a ser alcançado é o treinamento do futuro professor para aplicar a técnica que, por si, não tem o poder de resolver os problemas que irá enfrentar no dia a dia, da sala de aula. Desta forma, "a Didática procura renovar e aperfeiçoar seu instrumental técnico, sem questionar os seus pressupostos e sem a necessária conexão com o contexto social em que as escolas estão inseridas" (Veiga 1989, p. 154).

3. Com relação à origem da técnica, apenas dois autores, Carvalho e Nérici, fazem referência ao tópico. Carvalho situa a preocupação com o estudo do aluno, que passou a ser um fato importante para a Didática, logo ao final da Primeira Guerra Mundial.

Por outro lado, pesquisas realizadas sobre as condições de estudo no lar, e quanto aos hábitos de estudo dos alunos fora da escola, geraram um movimento contra os deveres de casa, o que propiciou a criação de cursos especializados em técnicas de estudo e a introdução do Estudo Dirigido no horário escolar. Esse movimento foi muito ativo nos Estados Unidos entre 1917 e 1925, decrescendo a partir de 1935, mas é nesse período que a ideia é aceita e se expande em outros países (Carvalho 1979, pp. 117-118).

Carvalho cita algumas experiências realizadas no Brasil de cursos rápidos sobre técnicas de estudo, sem fazer referência à introdução do Estudo Dirigido nas escolas brasileiras por intermédio do ideário escolanovista.

4. Percebi uma preocupação, por parte da maioria dos autores, em deixar claros os conceitos relacionados ao tema: estudo dirigido, ensino e aprendizagem. Se isso nem sempre é feito definindo-os, em geral os autores apresentam exemplos e características a partir das quais espera-se sejam entendidos.

De modo geral, o Estudo Dirigido, para uns é apresentado como uma técnica de ensino individualizada e para outros toma a forma socioindividualizada. Enquanto para uns é uma atividade executada em sala de aula pelos alunos, a partir de um roteiro prévio elaborado pelo professor, para outros ela pode também ser realizada fora da sala de aula, mas sempre com a orientação do professor. O que marca o Estudo Dirigido, para todos os autores, é o roteiro elaborado pelo professor. Para Colletto, o Estudo Dirigido é a "substituição da apresentação pelo professor pela pesquisa do próprio aluno" (Colletto 1982, p. 25).

Com relação aos conceitos de ensino e aprendizagem, da forma como os textos são organizados, não ficam explicitados os posicionamentos de todos os autores.

O conceito de ensino é trabalhado por três autores, sendo que para Mattos e Mendonça significa dirigir, orientar, a aprendizagem do aluno; enquanto que para Nérici é "colher boas informações sobre as dificuldades, limitações e possibilidades do educando, assim como seus traços de personalidade" (Nérici 1980, p. 273).

Com relação à aprendizagem apenas dois autores explicitaram tal conceito. Para Mattos aprendizagem "não consiste na retenção mecânica de fórmulas verbais, mas na reelaboração e assimilação reflexiva e vital dos conceitos nela contidos" (Mattos 1958, p. 20). Para Oliveira aprendizagem se resume em "experiências e conhecimentos teóricos, artísticos, religiosos, científicos, informativos" (Oliveira 1968, p. 52).

A conclusão, que me parece pode ser tirada, é que os conceitos explicitados, muitas vezes, entram em choque quando se analisa a natureza das orientações que de forma geral são normas prescritivas e elenco de requisitos com predomínio da dimensão técnica. Essas orientações estão mais voltadas para a aquisição de habilidades técnicas de elaborar roteiros com indicações precisas para leitura, normas para realização de trabalhos, tanto no plano individual quanto no socializado. A técnica passa a ter um valor em si mesma. Neste sentido, o professor e alunos são, intencionalmente, isolados do seu meio, inexistem conflitos e contradições. E o emprego da técnica pela técnica continua, com algumas exceções, a ser uma constante na prática pedagógica.

Estes ensinamentos levam, consequentemente, o professor a empregar o Estudo Dirigido sob uma ótica bastante reduzida ao apresentarem "exercícios mecânicos" em que o aluno é dispensado da capacidade de refletir criticamente. As orientações encontradas nas obras analisadas fazem da ação didática uma rotina impregnada de ritual pedagógico sem nenhuma justificativa teórica que a explique. Há necessidade de proporcionar ao professor "não só o conhecimento da estrutura teórica dos métodos de ensino, mas ensejar, numa perspectiva substancial, a incorporação do pólo instrucional no pólo socioeducacional: ligar as possibilidades didáticas às possibilidades educativas e estas ao contexto sociocultural" (Rays 1988, p. 90).

5. Quanto aos momentos da ação didática mais frequentemente enfatizados, o Estudo Dirigido está situado, predominantemente, entre as técnicas de fixação e de integração da aprendizagem, subfase da realização do ensino.

Mendonça afirma que o Estudo Dirigido, pela sua versatilidade, fazem-no aplicável a mais de uma etapa do ciclo docente, – na apresentação da matéria, na direção das atividades discentes, na fixação e integração de conhecimentos e no controle e retificação da aprendizagem.

6. Para se chegar a algumas conclusões, considero necessário retomar, aqui, algumas ideias centrais já abordadas. Pelas análises feitas posso afirmar que o que temos hoje em relação ao Estudo Dirigido, é que, como tema dos programas de Didática, ele é discutido nas obras especializadas de forma descontextualizada e acrítica, não passando de treinamento, que tende a levar o professor a executar tarefas rotineiras e mecanizadas na sala de aula, impossibilitando-o de atingir a compreensão mais profunda de sua prática pedagógica, como foi observado. No lugar de propiciar o aprimoramento da prática pedagógica, as receitas didáticas têm contribuído para a dissolução e fragmentação do trabalho pedagógico.

Essas constatações revelam que o Estudo Dirigido e outras técnicas de ensino precisam passar por um processo de revisão, já que são focalizadas sob uma visão parcial e isolada de sua totalidade.

Para se superar essa visão é necessário ampliar o conceito de técnica de ensino, estudando-a como um todo e vinculada à questão dos métodos de ensino nas suas determinações sociais.

Estudo Dirigido: Influências teóricas na sua concepção

No Brasil, na década de 20, o movimento de oposição à escola tradicional, a preocupação com a qualidade do ensino e a necessidade de sua expansão levaram à introdução dos princípios da Escola Nova. O movimento escolanovista, ao fazer a crítica à escola tradicional, repensa a educação e a implementa em algumas escolas experimentais, já que aquela não consegue assegurar a hegemonia burguesa e atender às suas exigências de progresso econômico e político.

Preconizando a solução de problemas educacionais como uma perspectiva interna da escola, a ênfase recai no *ensinar bem*, mesmo que a uma minoria. A Escola Nova transfere, portanto, a preocupação dos objetivos e conteúdos para os *métodos ativos*, e da quantidade para a qualidade.

A Didática também sofre a influência do escolanovismo que acentua o caráter prático-técnico do processo ensino-aprendizagem. Tem uma base psicológica, centrada nos fundamentos da Psicologia Evolutiva e da Psicologia da Aprendizagem. "Os princípios de atividade, individualização, de liberdade constituem o tripé de toda proposta didática" (Veiga 1989, p. 51).

Consequentemente, os métodos e técnicas mais difundidos pela Didática escolanovista privilegiam a dimensão técnica do processo de ensino, deixando de lado a dimensão política desse processo. Os métodos ativos passaram a ser orientados pelos princípios de individualização, liberdade e espontaneidade e, principalmente, de atividade, em que "aprender fazendo" e "aprender a aprender" estão sempre presentes. Os passos dos métodos ativos são os mesmos do processo de pesquisa, quais sejam: determinação do problema, levantamento de dados, formulação de hipóteses, experimentação (alunos e professores) confirmação ou rejeição das hipóteses formuladas.

Para Candau (1982, p. 22), os métodos e técnicas mais difundidos pela Didática renovada são:

centros de interesse, *estudo dirigido* (o grifo é nosso), unidades didáticas, métodos de projetos a técnicas de fichas didáticas, o contrato de ensino etc., promovem-se visitas às escolas experimentais, seja no âmbito do ensino estatal ou privado.

Pelo exposto, é possível afirmar que o Estudo Dirigido tem seus pressupostos teóricos iniciais calcados na proposta escolanovista, uma vez que ao acentuar a predominância dos processos de ensino reduz o conteúdo escolar a sua forma de aquisição. Foi disseminado no Brasil pelos cursos de formação de professores e por serviços de Orientação Educacional (SOE), que ministraram, ou ministram, cursos especializados em técnicas de estudo, bem como também por meio de bibliografia específica.

Posteriormente, o Estudo Dirigido sofreu as influências da Pedagogia Tecnicista, que começou a ser articulada na década de 60, cujo pressuposto básico está na neutralidade científica, inspirada nos princípios da racionalidade, na eficiência e na produtividade. A Pedagogia Tecnicista se estrutura na teoria de aprendizagem behaviorista, na teoria da comunicação, na teoria do sistema, que visa a racionalização do processo ensino-aprendizagem a fim de obter mudanças comportamentais no aluno.

Sob este enfoque, o Estudo Dirigido é enfatizado como uma técnica calcada nos princípios do modelo sistêmico do processo de ensino, preocupada com as modificações comportamentais e com a aquisição de habilidades de estudar. Assim, o método se reduz ao domínio de estratégias e táticas didáticas e se torna pragmático e burocratizado. A proposta sistêmica é limitante e não resolve o problema da qualidade do ensino – não contribui, portanto, para aumentar a sua eficiência.

Desta forma, a Didática, como uma das disciplinas pedagógicas dos cursos de formação do professor, dissemina a concepção de Estudo Dirigido, baseada nas influências explicitadas, prevalecendo até hoje na prática pedagógica de muitos professores, como foi constatado.

A partir de 1974, época em que tem início a abertura do regime político autoritário instalado em 1964, surgiram estudos voltados para a análise crítica da educação e empenhados em denunciar o caráter reprodutor da escola.

Em consequência desse fato, a Didática apontou o seu conteúdo ideológico e, sob esta ótica, passou a assumir a discussão sociológica, filosófica e histórica, secundarizando sua dimensão técnica.

Se de um lado a teoria crítico-reprodutivista contribuiu para acentuar uma posição de pessimismo, por outro, a atitude crítica passou a ser exigida pelos alunos e professores. A Didática também é questionada e os movimentos em torno de sua revisão apontam para a busca de novas perspectivas.

Começaram a se desenvolver estudos e pesquisas que, sem deixar de lado os determinantes sociais, procuraram analisar a influência da própria escola na marginalização social dos alunos provenientes das camadas mais pobres da população e, em consequência, propor a revisão da escola pública a partir dos pressupostos da Pedagogia Crítica.

Tal pedagogia, ao procurar a superação do escolanovismo e do tecnicismo, visa formar um tipo de homem socialmente determinado para desempenhar um papel na luta pela transformação histórica. Neste sentido, a educação está comprometida com os interesses do homem das camadas economicamente desfavorecidas. Direciona-se pelo interesse explícito de emancipação do homem, "não tenta esconder a contradição da educação em uma sociedade de classe; tenta mostrá-la como elemento determinado. Porém, a educação não deixa de influenciar o elemento determinante. Valoriza o pedagógico, sem deixar de lado suas vinculações com os fatores sociopolíticos" (Veiga 1989, p. 66).

A Pedagogia Crítica está empenhada em que a escola funcione bem e preocupada em resgatar a sua função primordial: ensinar. Agir no interior da escola é contribuir para transformar a própria sociedade.

A Didática, no bojo da Pedagogia Crítica, auxilia no processo de politização do futuro professor contribuindo para ampliar a sua visão quanto às perspectivas didático-pedagógicas mais coerentes com nossa realidade educacional. Sob esse enfoque, o ensino é concebido como um processo sistemático e intencional de difusão e elaboração de conhecimentos culturais e científicos de forma que os alunos deles se apropriem. A aprendizagem é considerada como um processo que visa "desenvolver a capacidade de processar informações e lidar com os estímulos do ambiente, organizando os dados disponíveis da experiência" (Libâneo 1985, p. 42).

A Didática tem uma importante contribuição a dar ao clarificar o papel político da educação, da escola e, mais especificamente, do ensino – momento em que se coloca em pauta não somente a seleção e organização dos conteúdos a serem ensinados, mas também a questão dos métodos e técnicas de ensino.

Os métodos mais apropriados a esse enfoque de Didática pressupõem:

> a) em primeiro lugar, que o aluno seja o sujeito ativo do seu processo de aprendizagem;
> b) em segundo lugar, que desenvolvam a criticidade através da explicitação das contradições que permeiam o processo ensino-aprendizagem e da explicação e compreensão das questões que precisam ser resolvidas e quais conhecimentos são necessários para resolvê-las;
> c) e em terceiro, é a criatividade manifestada pelos educandos através da capacidade de expressarem uma compreensão da prática em termos tão elaborados quanto era possível ao professor (Saviani 1983, p. 75). E a fase da expressão elaborada considerando o ponto culminante do processo educativo. (Veiga 1989, p. 15)

São métodos fundamentados na relação recíproca entre professor e aluno. Nada têm de espontaneístas, uma vez que na base das decisões metodológicas está a diretividade do professor. Este exerce sua autoridade embasada no domínio que tem do conteúdo. E isso implica uma nova posição por parte dos educadores. Os métodos que se constroem coletiva e solidariamente são diferentes daqueles que são determinados *a priori*, de cima para baixo, a respeito de como devem ser realizadas as atividades de sala de aula. Isto quer dizer que os métodos não se explicam por si mesmos, não são neutros, estão necessariamente contextualizados e respaldados por um referencial teórico.

Os métodos têm seus nexos com as técnicas de ensino as quais colocam os métodos em ação. Estas são consideradas como componentes operacionais que se prendem aos métodos de ensino, que por sua vez estão vinculados a um ideário pedagógico. Isso implica desmistificar a visão que concebe os métodos e as técnicas como sinônimos e tratados como instrumentos neutros, capazes de resolverem por si só os problemas que ocorrem na sala de aula.

O que é preciso ficar claro é que as técnicas de ensino devem ser utilizadas pelo professor de forma consciente e permeada pela *intencionalidade*. As técnicas direcionadas para a busca da intencionalidade deixam de dar ênfase exclusiva à ação docente para propiciar a participação do aluno.

As implicações entre intenções (objetivos a serem atingidos) e emprego da técnica (meio por intermédio do qual iremos agir) são recíprocas.

O parágrafo abaixo transcrito é extremamente esclarecedor a respeito:

> Se é verdade que a escolha dos meios depende da definição dos objetivos, também é verdade que a consecução dos objetivos depende da escolha e, mais do que isso, do uso dos meios. (Saviani 1980, p. 64)

Após essas considerações, cabe afirmar que o professor tem de ter uma atitude crítica sobre o que pretende de sua prática pedagógica e qual a melhor forma de realizá-la.

A partir desta análise e interpretação, procuro fazer uma revisão do conceito de Estudo Dirigido situando-o como uma técnica de ensino adequada às condições objetivas e concretas dos alunos, dos professores e da escola.

Estudo Dirigido numa perspectiva crítica de educação

Diante das constatações que vieram à tona, tanto por meio dos dados empíricos quanto dos fornecidos pelos estudos teóricos, uma revisão do conceito da técnica de Estudo Dirigido fez-se possível.

Embora, etimologicamente, Estudo Dirigido signifique o ato de estudar sob a orientação do professor, na verdade é muito mais do que isso. Orientar o aluno em seu ato de estudar é apenas uma das tarefas do professor e restringir a ela a técnica do Estudo Dirigido equivaleria a reduzir a sua concepção. O Estudo Dirigido não é então o estudo vigiado.

A técnica do Estudo Dirigido implica outras ações que não se restringem ao instrumental e aos recursos do professor para orientar seus alunos.

O Estudo Dirigido pressupõe a diretividade por parte do professor, se fundamenta na atividade do aluno e se efetiva na situação socioindividualizada em sala de aula ou fora dela, mas, sempre sob a direção do professor, que exerce um papel insubstituível na condução do processo de ensino do qual os estudantes participam.

De qualquer forma, como toda técnica, o Estudo Dirigido pode ser uma boa ou má técnica, dependendo de para que se prepara e de como se prepara. Logo, a qualidade do Estudo Dirigido depende muito do sucesso de sua preparação. Mas o sucesso da preparação depende, também, da maneira pela qual se encara a atividade de preparar o emprego da técnica de Estudo Dirigido. Isso implica afirmar que ao se escolher uma técnica de ensino é necessário considerar "as determinações sociais que incorporam as metodologias didáticas, para que o professor não faça uma escolha empírica, a fim de evitar a seleção de técnicas isoladas e neutras para alcançar os objetivos propostos" (Martins 1989, p. 45).

O Estudo Dirigido é uma técnica de ensino em que os alunos executam em aula, ou fora dela, um trabalho determinado pelo professor, que os orienta e os acompanha, valendo-se de um capítulo do livro, um artigo, um texto didático ou mesmo de um determinado livro. O professor oferece um roteiro de estudo previamente elaborado para que o aluno explore o material escrito de maneira efetiva: lendo, compreendendo, interpretando, analisando, comparando, aplicando, avaliando e elaborando. O Estudo Dirigido, portanto, procura o desenvolvimento do pensamento reflexivo, da análise crítica, em vez da memorização de uma quantidade de informações.

Objetivos do Estudo Dirigido

É possível afirmar que o Estudo Dirigido apresenta os seguintes objetivos:

a) provocar os alunos criticamente a respeito do que a realidade indica, buscando na leitura os fundamentos necessários à explicação e compreensão das questões levantadas;
b) aprofundar o conteúdo do texto didático para além das informações superficiais e da mera opinião;
c) buscar a conexão entre o texto didático e seu contexto, vinculando também ao contexto do autor e do leitor, ou seja, propiciar a leitura polissêmica ("processo de significação, lugar de sentidos") (Orlandi 1983, p. 80);
d) desenvolver no aluno a reflexão, a criticidade e a criatividade;
e) capacitar os alunos à leitura de textos ou livros didáticos necessários à sua instrumentalização, ou seja, apropriação das ferramentas de caráter histórico, matemático, científico, literário, artístico, tecnológico etc.

A preparação do Estudo Dirigido

Atualmente, o livro didático é o eixo em torno do qual gira o processo ensino-aprendizagem. É o principal recurso utilizado pelo professor, constituindo-se no guia de sua ação docente. No entanto, o material escrito que chega às mãos dos alunos se compõe essencialmente de textos didáticos, que, de certa forma, "apresenta para eles um interesse imediato, na medida em que possibilita, em princípio, melhorar seu desempenho" (Perini 1988, p. 81).

Assim, a organização do roteiro de estudo abrange desde a indicação das fontes de estudo, a definição de instruções claras, a determinação de tarefas até a seleção adequada do material de leitura, a fim de não empobrecer e nem fragmentar o conteúdo curricular.

Como o Estudo Dirigido implica seleção de um texto ou livro didático, únicos tipos de materiais escritos com o qual os alunos têm oportunidade de conviver, acredito na importância de se considerar alguns princípios que norteiam a preparação do roteiro de estudo, principalmente na etapa da escolha do referido material.

O primeiro princípio se refere à complexidade do texto ou livro didático. A não observância desse princípio pode acarretar na incapacidade de o aluno compreender o que lê. Tal fato pode levá-lo a concluir que não é importante recorrer aos textos e livros didáticos como fonte de informações.

Perini considera que a complexidade de um material escrito pode ser de três tipos; resumidamente:

> a) conceptual intrínseca – ou seja, refere-se à "dificuldade do assunto";
> b) conceptual – relativa aos conhecimentos prévios do leitor;
> c) discursiva – se refere à forma pela qual o texto está organizado formalmente. (Perini 1988, p. 83)

Desses três tipos de complexidade apenas o primeiro não pode sofrer alterações, uma vez que ele pertence ao campo do especialista da disciplina. O segundo pode ser alterado, até certo ponto, por meio de ligações entre as partes, supressão de informações secundárias, esclarecimentos por parte do professor etc., enquanto que no terceiro as alterações não atingem o conteúdo do texto.

O segundo princípio diz respeito à qualidade do material escrito para que possam ser usados com competência. Ao selecionar texto e livros didáticos o professor deve considerar as duas principais finalidades da leitura que são: ser fonte de informação, e, meio de apropriação das ferramentas culturais, tendo em vista: "alterar qualitativamente a prática de seus alunos enquanto agentes sociais" (Saviani 1983, p. 83) e ao mesmo tempo iniciar os educandos no convívio com o material escrito.

Estou convencida de que os textos e livros didáticos devem vincular os conteúdos específicos de cada disciplina às finalidades sociais mais amplas, sem esquecer a importância da especificidade do pedagógico. Isso implica reconhecer que o material escrito a ser selecionado pelo professor deve considerar esse aspecto importante do princípio qualitativo.

Um terceiro princípio, que se articula com o anterior, é um princípio que denomino de adequação à clientela, uma vez que os textos e livros didáticos "não consideram (ainda!?!) valores e cultura das chamadas classes populares, não retratam (ainda!?!) a realidade dos alunos deles advindos justamente por, via de regra, de forma generalizada e acrítica, tomar a parte pelo todo, vinculando verdades e valores baseados em uma cultura elitizada" (Caporalini 1988, p. 99). Em outras palavras, isto significa que os materiais de leitura devem ser potencialmente significativos para os alunos.

O quarto princípio é o da atualização. Ao selecionar materiais escritos como apoio à instrumentalização cultural dos alunos é preciso evitar textos ou livros didáticos já ultrapassados e fora do contexto atual da escola e do aluno, a não ser em casos excepcionais quando se procura aprofundar um determinado tema pela leitura de obras clássicas.

Selecionado o material escrito, o professor passa à etapa de elaboração do roteiro propriamente dito. Neste roteiro, ele especifica as orientações gerais e flexíveis para que os alunos possam realizar as atividades propostas, efetivando assim o seu diálogo com o texto. O roteiro deve compreender um momento individualizado e um momento socializado.

As atividades do primeiro momento giram em torno da leitura global e atenta do material escrito, quando são solicitadas ao aluno atividades que propiciam a apreensão do texto. As atividades sugeridas a seguir não visam repetir literalmente o que o material escrito diz, mas, propiciar um maior diálogo do aluno com o texto, favorecendo assim a compreensão do mesmo:

- sublinhar as ideias mais importantes ou extrair as ideias centrais do texto;
- destacar as partes que compõem o texto dando-lhes títulos;
- esquematizar o texto, assinalar com chaves, setas para facilitar a articulação das ideias;
- registrar notas e observações;
- procurar no texto os conceitos, as características e outros elementos necessários à compreensão;
- procurar no dicionário o significado de palavras desconhecidas;
- formular conceitos;
- ilustrar graficamente aspectos importantes do tema estudado.

Ainda no momento individualizado, as atividades propostas quanto à compreensão e à interpretação devem exigir dos alunos o raciocínio e a análise crítica. Tais atividades visam preparar os alunos para que possam ir além da mera repetição e reprodução do texto. Procuram capacitá-los a identificar e compreender as ideias principais, bem como estabelecer as relações entre elas. Implica capacidade de tirar conclusões, distinguir consequências, enfim, ir além dos limites colocados pelo autor. Devem propiciar outras interpretações do texto, que não a do professor ou a do autor:

- identificar desacordos entre as ideias;
- examinar situações apresentadas e dar seu julgamento e solução;

- fazer perguntas ao que se lê, ao que está escrito no texto;
- explorar as contradições;
- estimular ideias que venham a complementar o assunto;
- sugerir outras interpretações possíveis ao texto;
- comparar situações reais ou vivenciadas (pelo aluno) com as que o texto contém;
- apresentar conclusões próprias;
- justificar respostas e posicionamentos diante do texto;
- argumentar com o autor para aceitar, contestar ou recusar suas ideias.

No segundo momento, o socializado, procura-se tirar partido da interação entre os alunos, unidos pela busca de um objetivo comum, por meio de atividades que aprofundem as discussões. As atividades individualizadas e socializadas se alternam e se interpenetram, complementando-se, daí, a importância de se prever atividades a serem realizadas em pequenos e grandes grupos. As atividades socializadas visam o debate sobre o tema estudado permitindo ao aluno situar-se criticamente, extrapolar o texto para a realidade vivida, desvelar a ideologia subjacente às informações comumente vinculadas, exercitar a elucidação do contexto com auxílio do texto e não somente por intermédio dele (Caporalini 1988, p. 126).

As tarefas a serem propostas para o trabalho socializado devem girar em torno da retomada da tese central contida no texto de forma questionadora, crítica, para que os alunos possam compreender e interpretar os problemas importantes que foram levantados ou sanar dificuldades de entendimento e propor alternativas de solução. Deve haver espaço tanto para o conflito intelectual quanto para a descoberta das implicações sociais e políticas contidas no texto.

Entendido assim, este momento pode culminar com uma síntese, ou seja, o estabelecimento das relações existentes entre as ideias centrais e as ideias secundárias. O registro da síntese poderá ser feito pelos diferentes grupos para que seja discutido no grande grupo e posteriormente a síntese final deverá ser registrada no quadro de giz ou em um cartaz, ou ainda em um relatório mais elaborado pelos diferentes grupos, tendo em vista que o "ato de ler é incompleto sem o ato de escrever" ... "Não basta ler a realidade. É preciso escrevê-la" (Gadotti 1979, p. 17).

Aplicação do Estudo Dirigido

O Estudo Dirigido pode ser realizado em situação socioindividualizada. É aplicável nos momentos de apresentação e desenvolvimento do conteúdo curricular em substituição à exposição feita pelo professor. Ele se torna indispensável tanto na fase de fixação e integração dos conteúdos quanto na fase de acompanhamento e recuperação da aprendizagem.

Embora aplicadas a todos os alunos, as tarefas propostas no roteiro de estudo, principalmente as relativas ao momento individualizado, podem ser realizadas fora da sala de aula, tendo em vista o tempo previsto para o desenvolvimento da aula, geralmente com duração de cinquenta minutos. Quando o horário escolar é definido por aulas conjugadas, ou seja, duas salas seguidas de uma mesma disciplina, é possível realizar os dois momentos do Estudo Dirigido durante a aula.

O professor, ao empregar a técnica do Estudo Dirigido na sala de aula, não deve assumir um papel autoritário e nem deve ser espontaneísta. A ele compete ser democrático, responsável, e diretivo. Como dirigente do processo de ensino, o professor não deve esquecer que a regra fundamental é a atividade do aluno, para o aluno e com o aluno.

Concluindo...

As considerações, apresentadas ao longo deste texto, procuraram evitar o empobrecimento da noção de leitura que o aluno vai internalizando, a partir de uma prática mecânica, repetitiva e acrítica de leitura, bem como o emprego da técnica de Estudo Dirigido como fim em si mesma.

Gostaria de concluir citando Freire (1986, p. 22):

> Eu digo que ler não é só caminhar sobre as palavras, e também não é voar sobre as palavras. Ler é reescrever o que estamos lendo. É descobrir a conexão entre o texto e o contexto do texto, e também como vincular o texto/contexto com o meu contexto, o contexto do leitor.

Bibliografia

ADNIS e DICKEY. *Princípios básicos de prática de ensino*. Fundo de Cultura.

AGUAYO, A.M. (1961). *Didática de escola nova*. Trad. de J.B. Damasco Penna. São Paulo: Comp. Editora Nacional.

AZANHA, José Mário Pires (19780. "Alain ou a pedagogia da dificuldade". *In:* CHARTIER, Alain A. *Reflexões sobre a educação*. São Paulo: Saraiva.

CASTRO, Amélia Domingues (1972). "O trabalho dirigido". *In: Didática para a escola de 1º e 2º graus*. 2ª ed. São Paulo: EDIHELL, p. 105.

________ (1969). "Bases para uma didática do estudo na perspectiva do desenvolvimento intelectual". *Boletim n. 306. Metodologia Geral do Ensino n. 4*. São Paulo.

CAPORALINI, Maria Bernadete S.C. (1988). "Na dinâmica interna da sala de aula: o livro didático". *In:* VEIGA, Ilma P.A. *Repensando a didática*. Campinas: Papirus.

COLLETTO, Nires (1982). *Ensino em quatro tempos. Procedimentos de ensino: Técnicas*. Santa Maria: UFSM, pp. 24-25.

CUNNINGHAM. *Introdução à educação*. Fundo de Cultura.

DICIONÁRIO DE PEDAGOGIA (1964). Labor.

FREIRE, Paulo e SHOR, Ira (1986). *Medo e ousadia. O cotidiano do professor*. Rio de Janeiro: Paz e Terra.

GADOTTI, Moacir. "O que é ler?". Texto encerramento 2º Cole. *Revista Leitura: Teoria e Prática*. Campinas: Mercado Aberto.

GERALDI, João Wanderley (org.) (1984). *O texto na sala de aula: Leitura e produção*. 2ª ed. Assoeste.

GONÇALVES, Romanda P. (1978). *Didática geral*. 10ª ed. Rio de Janeiro: Livraria Freitas Bastos, pp. 79-83.

KLEIMAN, Angela (1989). *Leitura: Ensino e pesquisa*. Campinas: Pontes.

________ (1989). *Texto e leitor: Aspectos cognitivos da leitura*. Campinas: Pontes.

LAJOLO, Marisa (1982). "Tecendo a leitura". *Revista Leitura: Teoria e Prática*. Campinas: Mercado Aberto.

LIBÂNEO, José Carlos (1985). *Democratização da escola pública: A pedagogia crítico-social dos conteúdos*. São Paulo: Loyola.

LUZURIAGA, Lourenço (1952). *La educación de nuestro tiempo*. Buenos Aires: Losada.

MARTINS, Pura Lucia Oliver (1989). *Didática teórica, didática prática: Para além do confronto*. Belo Horizonte: Loyola.

MATTOS, Luiz Alves de (1958). "O estudo dirigido". *In: Escola secundária* n. 5, junho, Rio de Janeiro, pp. 19-30.

________ (1957). *Sumário de didática geral*. 3ª ed. Rio de Janeiro: Aurora.

MENDONÇA, Euclides Pereira (s.d.). "O estudo dirigido". (Mimeo.)

MOSCOVICI, Fela. "Estudo dirigido". *In:* WAISBERG, Bonow I. *Elementos de psicologia educacional*. Educação Nacional.

NÉRICI, Imideo (s.d.). *Introdução à didática geral*. 13ª ed. Rio de Janeiro: Editora Científica, pp. 381-388.

________ (1980). *Didática geral dinâmica*. 6ª ed. São Paulo, Atlas.

OLIVEIRA, Alaíde Lisboa (1968). *Nova didática*. Belo Horizonte: Bernardo Álvares, pp. 52-59.

ORLANDI, Eni Pulcinelli (1983). *A linguagem e seu funcionamento: As formas do discurso*. São Paulo: Brasiliense.

PERINI, Mário A. (1988). "A leitura funcional e a dupla função do texto didático". *In:* ZILBERMAN, Regina e SILVA, Ezequiel Teodoro (org.). *Leitura: Perspectivas interdisciplinares*. São Paulo: Ática.

PILETTI, Claudino (1987). *Didática geral*. São Paulo: Ática, pp. 127-129.

SILVA, Ezequiel Teodoro (1989). O *professor e o combate à alienação imposta.* São Paulo: Cortez. (Coleção Polêmica do Nosso Tempo 34)

________ (1987). *O ato de ler. Fundamentos psicológicos para uma nova pedagogia da leitura.* São Paulo: Cortez.

SOARES, Magda Guimarães (1962). *Estudo dirigido.* Belo Horizonte: Amigos do Livro.

VILARINHO, Lúcia Regina Goulart (1979). *Didática: Temas selecionados.* Rio de Janeiro: Livros Técnicos e Científicos, pp. 32-42.

ZANDAVALLI, Leda B. *et al.* (1982). *Caderno de didática.* 2ª ed. Passo Fundo: Livraria das Faculdades Ltda, p. 77.

ZILBERMAN, Regina e SILVA, Ezequiel T. (1988). *Leituras: Perspectivas interdisciplinares.* São Paulo: Ática.

5
DA DISCUSSÃO E DO DEBATE NASCE A REBELDIA*

*Maria Eugênia L.M. Castanho***

1. Introdução

O impasse em que hoje se encontra a nossa educação escolar tem raízes remotas. Discute-se sobre a necessidade de descobrir caminhos pedagógicos para a escola e incontáveis pesquisas revelam os graves problemas de nossa prática.

À medida que a instrução se universaliza, mudando destinatários, especialistas, conteúdos e objetivos, o *como ensinar* assume formas novas e proporções gigantescas. O problema do método ou da didática é, segundo Manacorda (1989, pp. 280 e 360), "o fastidioso problema pedagógico deste século" que acena para a renovação de conteúdos e experimentação de novas metodologias porque "a competência nunca faz mal".

---

* Texto apresentado à Sexta Conferência Brasileira de Educação, São Paulo, setembro de 1991.

** Mestre e doutora em Educação pela Unicamp. Professora do Mestrado em Educação da PUC-Campinas.

Em um trabalho anterior (Castanho 1989, p. 108) discuto a possibilidade de métodos que se situem para além dos tradicionais e dos renovados. Ali defendo que o estrangulamento das práticas atuais que se pretendem críticas se deve à não apropriação, por parte dos alunos, dos instrumentos teóricos e práticos necessários ao equacionamento dos problemas detectados na prática social.

O presente livro, para o qual este capítulo pretende contribuir, se dispõe a discutir a dimensão técnica do processo educativo. Anos de autoritarismo no país produziram no âmbito da educação a partir do final dos anos 60 e especialmente na década de 70, o chamado tecnicismo, cuja característica maior foi a de hipertrofiar a dimensão técnica e querer desligá-la das demais dimensões presentes no processo, como está discutido no 1º capítulo. Essa importância excessiva dada ao aspecto técnico foi usada para escamotear a violência simbólica desencadeada sobre a vida institucional e levou os educadores a rejeitar, cada vez com mais intensidade, o tema *técnicas de ensino.* Esse desprezo, inicialmente usado como forma de defesa, explica, em parte, na minha opinião, a insuficiente formação técnica dos professores diplomados a partir de meados da década de 70 e durante os anos 80, que acabaram por receber muitos dos resultados da reflexão filosófica e nada da didática.

Há no momento atual uma lacuna teórica que este livro pretende ajudar a preencher. E é para esta questão que pretendo contribuir com reflexões sobre as formas didáticas da Discussão e do Debate.

2. A importância da técnica não é sempre compreendida

Dois fatos me vêm à memória frequentemente como exemplos do que *não* se deve fazer.

O primeiro se refere a um colega, professor universitário, vítima do fetiche da técnica dos anos 70. Em meados daquela década ele participara de um Congresso de Educação em Buenos Aires e contava-me com um entusiasmo ímpar que a grande novidade lá havia sido uma técnica chamada *Philips 66*, trazida pelo norte-americano J. Donald Philips.

A técnica consistia em dividir a classe em grupos de seis pessoas para discutir durante seis minutos um determinado assunto. Variações infinitas podiam ser feitas mudando-se os números. Por exemplo: Philips 55, 38, 47, 510 etc., sempre o primeiro algarismo representando o número de elementos no grupo e o segundo algarismo representando o número de minutos que o trabalho deveria durar.

Chamou-me a atenção o fato de se tratar de algo extremamente simples, já prática corrente na maioria das escolas dos vários níveis, e de ser valorizada por causa do nome e principalmente da origem. Comparo com a antiga história da roupa nova do rei feita por charlatães que só lhe tomavam o dinheiro e que o submeteram ao ridículo de sair nu do castelo imaginando vestir traje tecido com fios de ouro. Uma criança – sempre a criança – acabou gritando: "Mas o rei está nu!".

O Philips 66 simboliza para mim a ideologização da técnica – o tecnicismo. Desnuda o rei.

O outro fato é recente. Um aluno meu de Didática do curso de Filosofia está lecionando várias disciplinas na rede pública estadual (a carência de docente é tão grande que apesar de ser admitido para uma única disciplina, logo acaba lecionando várias outras).

Na busca de trazer o real para a sala de aula há sempre, e necessariamente, espaço nas minhas aulas para os depoimentos individuais dos alunos-mestres, os quais enriquecem sobremaneira a reflexão e permitem a ligação teoria-prática de maneira bastante satisfatória.

Pois bem. O aluno-mestre relatou que procurou estabelecer com seus alunos de 5ª a 8ª séries noturnas uma relação democrática baseada no diálogo e troca de ideias, conforme aprende nos textos universitários. Teve muitos problemas e acabou optando por uma guinada radical em sua conduta, instaurando práticas autoritárias com normas rígidas e sanções permanentes.

Esse fato dá muito o que pensar e temos discutido e debatido em torno dele. O que sobreleva no ocorrido nos remete à pedagogia radical de Giroux (1983, p. 54) apontando que tem havido poucas tentativas de se compreender como os diferentes discursos e práticas de sala de aula funcionam na formação das consciências e comportamentos do estudante. Pouco se considera como as subjetividades são produzidas e pouco se cuida do problema de distinguir formas viáveis de resistência em comportamentos autoindulgentes ou ligados à dinâmica do fascismo.

Em resumo, os dois fatos aqui colocados dão um dos contrapontos em que se situa a questão didática: a técnica pela técnica nada vale; ao mesmo tempo a ausência de técnica leva a um trabalho às cegas que também não tem valor.

3. Contextualizando a discussão e o debate

Geralmente se é tentado a uma posição maniqueísta com relação às técnicas de ensino: a aula expositiva estaria ligada ao ensino tradicional enquanto todas as técnicas que exigem atividade do aluno seriam decorrentes dos métodos propostos pelo movimento chamado de Escola Nova, nascido entre fins do século passado e início do atual. E linear e simplista a explicação. Um rápido olhar no passado dá conta da complexidade do tema.

Já no século VI, na Grécia Antiga, aparecem os sofistas, cujas teorias e práticas mudam os hábitos de então, tendo como base de seu método o discurso e a discussão, ao que Sócrates acrescenta o diálogo e as perguntas (Debesse 1974, p. 25). No século XIII, São Tomás de Aquino institui as discussões públicas ou *disputationes* que podiam ser assistidas pelos alunos e às vezes por mestres de outras escolas. São Tomás tornou tais discussões periódicas e eram na verdade entrevistas coletivas, em que ele devia responder a todas as perguntas feitas, sobre *não importa qual* assunto teológico ou filosófico, pelos ouvintes (Thonnard 1953, p. 328). No século XVIII, Rousseau apregoa atitudes educativas que anunciam o movimento renovador do século seguinte, enfatizando o respeito à individualidade do educando.

A técnica é sempre *meio para,* nunca fim. O que se esconde atrás das técnicas? O poder. Mesmo quando é usada como fim em si mesma está servindo como meio para atingir determinados fins. Estudar a evolução das técnicas de ensino sem levar em conta sua historicidade leva a uma deformação na sua compreensão.

Snyders (1974, p. 314) mostra que o diálogo socrático é um falso diálogo. É Sócrates quem fala sem se interromper enquanto o outro se deixa conduzir, pontuando o discurso com algumas afirmações concordantes... Todas as iniciativas, todos os poderes, a inteira autoridade está nas mãos do mestre.

Também o discurso de Rousseau revela o mesmo, quando afirma que não há sujeição mais perfeita do que aquela que guarda a aparência de liberdade – porque se cativa assim a própria vontade. Para ele, o Emílio deve fazer o que deseja, mas deve querer o que nós desejamos que ele faça (Romano 1988, p. 39).

No momento em que se fala de técnicas de ensino e de sugestões metodológicas é importante ter clareza sobre que força intrínseca a educação escolar pode exercer, em que condições históricas e sob que formas históricas pode contribuir, sem ilusão e sem abdicação, para a formação de uma sociedade capaz de intervir em sua própria história.

É necessário que cada educador perceba que se estabelece, usando esta ou aquela técnica, uma relação de troca autêntica com seus alunos, permitindo-lhes o desenvolvimento da criatividade, a autonomia intelectual e emocional, a rebeldia. O mundo da cultura seria impensável se não fosse pelos atos de rebeldia daqueles que a construíram (Alves 1986, p. 130).

Não se pode também ficar na ilusão dos princípios da educação espontaneísta e antiautoritária. Conforme fundamenta Jubero (1978, p. 154) trata-se de invenção pequeno-burguesa, surgida do conflito que esta classe se vê obrigada a manter com a autoridade na sociedade atual. Os problemas das classes trabalhadoras não se resolvem com pedagogias permissivas, mas, pelo contrário, vivendo e analisando as restrições sociais por meio de um trabalho constante, aprendendo rapidamente a pensar e a escrever, a expressar-se corretamente, a conhecer a estrutura das instituições sociais.

No contexto dos anos 90, rumo ao século XXI, o educador usará a *discussão* e o *debate* para quê? Planificará introduzi-los aqui ou ali em seu planejamento, visando cotidianamente o quê? Se isto não lhe estiver claro, de pouco adiantarão as normas que se seguem.

4. A discussão

Etimologicamente discussão vem do latim *discutere*, que vem de *dis* + *quatere*, significando sacudir, abalar, incomodar.[1] E seu papel no ensino é exatamente esse: dado um ponto de vista (uma teoria, um resultado de investigação, uma exposição qualquer) submetê-lo a um esmiuçamento tal que sejam analisadas todas as implicações ali contidas. Leva os alunos a não aceitarem passivamente uma posição antes de uma análise profunda e multifacetada. Cabe em qualquer área do conhecimento e comporta níveis de complexidade cada vez maiores dependendo do conhecimento teórico do orientador e das características do grupo. Pode ser usada durante ou após uma aula expositiva, do professor ou de colegas, após um filme, uma sessão de *slides,* como preparação para um projeto a ser realizado. Caracteriza-se por ser uma forma de cooperação intelectual, uma vez que se esclarece e detalha o assunto em questão. Em resumo, é análise de *um* ponto de vista.

5. O debate

A provável origem etimológica da palavra debater é do francês *débattre*, que vem do latim *debattuere*, significando disputar, alterar, brigar.[2]

Seu papel no ensino é o de ser recurso para que se confrontem *diferentes pontos de vista*. É competição intelectual, disputa. Cabe em todos aqueles momentos em que os alunos, já munidos de informações resultantes de estudos bibliográficos e de campo e de experiências as mais variadas, devem cotejar diferentes posições, teorias, pontos de vista. Enriquece o trabalho intelectual porque permite que a análise abarque vários pontos

1. Cf. Dicionário etimológico Nova Fronteira.
2. *Idem*.

de vista e não apenas um. Pode ser usado em várias situações inclusive como decorrência de uma *discussão* onde surgiram novos pontos de vista.

6. A técnica acontecendo

Uma discussão ou um debate não acontecem no vazio. Todo trabalho de grupo pressupõe intenso trabalho individual que deverá estar bem orientado pelo professor.

Uma bibliografia mínima a ser lida por todos deve ser indicada. Mas não basta apenas indicar e pedir leitura. Há que se planejar o que pedir, para que o aluno dê o máximo de sua capacidade. "O trabalho realmente livre é ao mesmo tempo terrivelmente sério, constitui o esforço mais intenso", já dizia Marx contestando Fourier (Kamenka 1976, p. 130). Proporcionar liberdade intelectual exige zelo por parte do professor no sentido de propor tarefas operatórias que exercitem ao máximo seu pensamento. Trata-se de uma atitude pedagógica bastante distante do *laissez-faire* ou do autoritarismo. Por exemplo, solicitar que o texto seja reduzido a poucas afirmações e negações essenciais; que o *aluno* venha a propor problemas que o texto não possua, mas sugira; diagramar as ideias principais em desenhos abstratos.

Muitos professores deixam de utilizar técnicas que exigem essa "manipulação" do conhecimento por parte do aluno, alegando que o tempo é curto para o volume de matéria. Doce ilusão se pensam que estão ganhando algo: a memorização é importante, mas deve atuar como recurso embutido no trabalho operatório. Deve surgir como subproduto da reflexão e não ser buscada diretamente, sob pena de se perder após a primeira "verificação" de aprendizagem.

Um dos melhores critérios para saber se o aluno realmente incorporou o conhecimento à sua estrutura cognitiva é sua capacidade de dizer com as próprias palavras (habilidade de efetuar tradução, segundo a taxonomia simplificada de Bloom, Hastings e Madaus); convém solicitar que os alunos exponham ou exemplifiquem para os próprios colegas.

Não se podem usar as técnicas de modo anárquico, ao sabor das circunstâncias. É preciso pensá-las e introduzi-las com critério, tendo clareza que o objetivo é o estudo e não a agitação.

Saber usar mecanicamente as técnicas não garante nada. As técnicas devem vir no bojo de uma atitude afetiva que caracteriza o professor como alguém muito especial para os estudantes. Para isso é preciso saber muito bem a matéria, graduar as dificuldades, entusiasmar os alunos pelo trabalho a ser feito, fazer elogios sinceros, desenvolvendo sentimentos de êxito, autorrealização e autoafirmação.

É preciso também exercitar-se em fazer desafios intelectuais ao aluno, usando a imaginação; levá-lo a fazer comparações e estabelecer diferenças; não querer padronizar; ser professor de todos e de *cada um*. Aproveitar didaticamente os grupos naturais que se formam em toda classe ao invés de querer eliminá-los.

Viver cada aula como uma hipótese a ser testada. No debate entre professor e aluno cada um está exposto ao outro e ninguém pode dizer como terminará a aventura (Gusdorf 1987, p. 143).

A discussão deve ser uma *lição criadora*. Para criar é preciso ter informações: o processo criativo se inicia com aquisição de informações, pesquisa de material adicional e descoberta de possibilidades. A criatividade é alimentada por informações. Uma pobreza de conhecimento faz definhar e limita o crescimento da criatividade (Shipley 1969, p. 157).

Como mostram os estudos taxonômicos, há paralelismo entre objetivos e conteúdos. Sugiro o paralelismo também para as técnicas didáticas: se observarmos a maioria dos objetivos expostos pelos professores em seus planejamentos veremos que geralmente não se articulam com as técnicas apresentadas. Isto é, embora se proponham nos *objetivos* desenvolver conhecimentos e levar à construção de processos mentais, seu cotidiano pedagógico se caracteriza por procedimentos que trabalham no máximo com informações e não com a ativação dos processos mentais.[3] O debate e/ou a discussão, desde que bem orientados

---

3. Há inúmeros psicólogos que se ocupam do estudo aprofundado da construção dos processos mentais. O cognitivismo piagetiano constitui um bom referencial

e pressupondo sempre o estudo sério, são recursos da maior importância para o desenvolvimento dos processos mentais.

Por que discutir e debater?

A discussão e o debate exercitam os alunos para a liderança e para a independência intelectual e não para a subordinação. Alunos subordinados revelam professores com posição de *chefes* e não de educadores, porque a chefia hipertrofiada conduz à subordinação emocional e intelectual. Um bom professor se empenha em estabelecer o exercício da independência do aluno, não se opondo à sua atividade, mas prolongando-a e ampliando-a.

Educar para a subordinação traz consequências muito sérias para o avanço social: no plano intelectual, inibe o espírito científico, levando à aceitação do argumento de autoridade; no plano sociológico, conduz a comunidades imobilistas que não criam ou reestruturam fatos; no plano político, prepara para a ditadura.

Discutir e debater não são atividades espontâneas, fáceis. Não basta que o professor leve o aluno a exprimir-se e dizer o que sente. Levar o aluno à autonomia intelectual não significa recusar toda a cultura acumulada ao longo da história humana. Ao contrário, exige seu conhecimento crítico. Como aponta Snyders (1974) é preciso que o professor firme uma posição e ao mesmo tempo incite os alunos a apresentarem cada vez mais questões. A ortodoxia é quase um luxo intelectual, cujo preço é, muitas vezes, o empobrecimento da própria reflexão.

A técnica deve ajudar a abrir perspectivas para que o aluno possa expor verdadeiras questões, permitindo-lhe progredir e avançar sozinho. Para isso é que se estabelece o diálogo, que não limita a verdade ao mecanismo de

---

científico. Especificamente sobre isso ver os textos do próprio Piaget ou dele decorrentes e que tratam do esmiuçamento do estágio das operações intelectuais concretas e das formais. O presente texto não tem por objetivo realizar esse estudo já que sua proposta privilegia o tratamento da questão didática.

um debate entre duas inteligências. Pelo contrário, abre o campo da verdade porque põe em circulação uma pluralidade de pontos de vista.

Como debater

Em um debate há vários pontos de vista antagônicos. Esses pontos deverão ser bem fundamentados por intermédio de estudos individuais, pesquisas e outras atividades que possam aumentar o número de informações relativas ao tema. Uma bibliografia mínima deve ser garantida e exigida de todos. Devem ser designados por consenso quais serão os responsáveis pelos grupos de opiniões, que irão expor seus argumentos e receberão em seguida as refutações e interpelações. O professor ou um aluno será o moderador do debate. Um relator poderá ir anotando na lousa ou em painéis as posições dos grupos e as decisões de consenso.

Depois que os grupos de opiniões expuserem e receberem refutações entre si, ocorre a participação da classe toda. Por fim, o professor faz um comentário crítico do trabalho, apresentando um balanço onde dará orientação sobre o comportamento intelectual e emocional que pôde apreender no trabalho e remeterá para novos estudos, novos aprofundamentos, novas leituras que levarão a novas discussões e debates.

Recomendações práticas para a discussão e o debate

Há centenas de regras práticas para a utilização de técnicas que visam a ativar os processos mentais. Destaco as que me parecem relevantes e aconselho que sejam objeto de análise constante com os alunos para que o trabalho intelectual progrida. O exercício de democracia, que pode ter lugar a partir de um trabalho sério e persistente com grupos em sala de aula, fará com que essas recomendações sejam cada vez mais bem compreendidas.

Assim, recomendamos:

- Dispor as cadeiras de modo que *cada um* veja *todos*.

- Não competir, mas cooperar. Não replicar, mas analisar a contribuição.
- Se não souber o assunto, *participar* opinando, indagando, julgando, sintetizando.
- Não derrotar o companheiro: *ajudá-lo* a expor seu pensamento e a vencer a timidez.
- Quando quiser que os demais participem, *calar-se*: o silêncio os constrangerá.
- Durante a discussão analisar o grupo e o *comportamento* de cada um fazendo grupo-análise.
- Não esquecer que muitas vezes os desacordos têm caráter emocional (preconceito $\lesseqgtr$ pré-conceito).
- Não dominar. Não se deixar dominar. Dominação e passividade se equivalem.
- Ser objetivo: só animais usam o *ensaio e erro* para resolver seus problemas.
- Aprender a elogiar: o elogio estimula o companheiro a prosseguir. Motivar o outro.

É conveniente conversar sobre cada uma delas, como preparação para o trabalho. E em cada exercício grupal analisar o avanço que se obteve em relação aos trabalhos já feitos. Analisar se se está trabalhando com mais categorias, se se está buscando mais as causas e os efeitos, no tempo e no espaço etc.

Regras metodológicas para a discussão e o debate

H. Lefèbvre aponta determinadas regras práticas do método dialético[4] que podem ajudar grandemente o professor lúcido quanto aos objetivos de seu trabalho. São elas:

---

4. Essas regras são analisadas por Henry Lefèbvre em seu livro *Lógica formal/ lógica dialética.* Rio de Janeiro, Civilização Brasileira, 1975.

- Dirigir-se ao próprio objeto; por conseguinte, análise objetiva.
- Apreender o conjunto das conexões internas do objeto, de seus aspectos; seu desenvolvimento e movimento próprios.
- Apreender os aspectos e momentos contraditórios. O objeto como totalidade e unidade dos contraditórios.
- Analisar a luta, o conflito interno das contradições, o movimento, a tendência (o que tende a ser e o que tende a cair no nada).
- Não esquecer que tudo está ligado a tudo; e que uma interação insignificante, negligenciável por que não essencial em determinado momento, pode tornar-se essencial num outro momento ou sob outro aspecto.
- Não esquecer de captar as transições; transições dos aspectos e contradições, passagens de uns nos outros, transições no devir.
- Não esquecer que o processo de aprofundamento do conhecimento, que vai do fenômeno à essência e da essência menos profunda à mais profunda, é infinito. Jamais estar satisfeito com o obtido.
- Penetrar, portanto, mais fundo que a simples coexistência observada; penetrar sempre mais profundamente na riqueza do conteúdo; apreender conexões e o movimento.
- Em certas fases do próprio pensamento, este deverá se transformar, se superar. Modificar ou rejeitar sua forma, remanejar seu conteúdo – retomar seus momentos superados, revê-los, repeti-los, mas apenas aparentemente, com o objetivo de aprofundá-los mediante um passo atrás rumo às suas etapas anteriores e, por vezes, até mesmo rumo ao seu ponto de partida etc.

O professor criativo descobrirá, ao detalhar seu plano, como corporificar essas orientações nas atividades cotidianas, sejam elas de debates, estudos do meio, exposições ou discussões:

Encerrando

> *Não é só a escola, seja ela qual for, a educar, mas a vida inteira em sua plenitude.*
> Manacorda

Piaget insiste em que adquirir técnicas de trabalho é muito mais importante para o futuro do aluno do que a aquisição de grande massa de conhecimentos particulares.

É preciso ter clareza sobre isso para decidir que instrumentos usar e com que conteúdos apontar uma direção, fugindo dos dogmatismos. Para criar é preciso antes conhecer. A invenção é descoberta a partir daquilo que os outros já estabeleceram. Ninguém cria no vazio. Mas também não se pode esquecer de que

> A Pedagogia é, antes de tudo, liberdade de olhar. Deixar ver, deixar expressar-se, consentir no tateamento, na busca fora dos trilhos dogmáticos... Precisamos revolver a didática... (Mendes 1973, pp. 230-233)

Revolver a didática para encontrar soluções concretas. Soluções que só podem ser entrevistas entre as contradições do real. E orientar cada passo novo para a meta final.

Nesse sentido, o educador deve instaurar o diálogo nas suas práticas cotidianas e saber usar com competência as várias técnicas didáticas, *meios* indispensáveis para revolver as ideias, as concepções, os preconceitos e preparar pessoas genuinamente comprometidas com a busca da verdade.

Bibliografia

ALVES, Rubem (1986). *A gestação do futuro*. Campinas: Papirus.

CASTANHO, Maria Eugênia (1989). *Universidade à noite: Fim ou começo de jornada?*. Campinas: Papirus.

CASTRO, Amélia Domingues (1974). *Piaget e a didática*. São Paulo: Saraiva.

DEBESSE, M. e MIALARET, G. (1977). *Tratado das ciências pedagógicas* (2). São Paulo: Editora Nacional/Edusp.

GIROUX, Henry (1983). *Pedagogia radical: Subsídios*. São Paulo: Cortez.

GUSDORF, G. (1987). *Professores para quê?*. São Paulo: Martins Fontes.

JUBERO, Pedro Fontán (1978). *La escuela y sus alternativas de poder*. Barcelona: Ceac.

KAMENKA, Eugene (1976). "Humanismo marxiano e a crise na ética socialista". *In:* FROMM, E. *Humanismo socialista*. Lisboa: Edições 70.

LEFÈBVRE, H. (1975). *Lógica formal/lógica dialética*. Rio de Janeiro: Civilização Brasileira.

LIMA, L.O. (1967). *A escola secundária moderna*. Rio de Janeiro: Fundo de Cultura.

MANACORDA, Mário Alighiero (1989). *História da educação: Da antiguidade aos nossos dias*. São Paulo: Cortez.

MENDES, Durmeval Trigueiro (1973). "Realidade, experiência, criação". *Revista Brasileira de Estudos Pedagógicos* (130), julho/setembro, pp. 227-240.

ROMANO, Roberto (1988). "A tirania do olhar". *In:* NETO, J.C. Marques (org.). *O pensamento em crise e as artimanhas do poder.* São Paulo: Ed. da Unesp, pp. 35-44.

SHIPLEY, C.M. *et al.* (1969). *Síntese de métodos didáticos*. Porto Alegre: Globo.

SNYDERS, Georges (1976). *Para onde vão as pedagogias não diretivas?*. Lisboa: Moraes.

THONNARD, A.A. (1953). *Compêndio de história da filosofia*. Trad. portuguesa da 5ª ed. francesa por Valente Pombo, Desclée e Cña Editores Pontifícios, Tournai.

UNIVERSIDADE FEDERAL DA PARAÍBA (1988). *Concepção do educador e da universidade*. João Pessoa.

6
O SEMINÁRIO COMO TÉCNICA DE ENSINO SOCIALIZADO

Ilma Passos Alencastro Veiga[*]

As técnicas de ensino socializado ou de grupos, já há alguns anos, vêm sendo largamente utilizadas por professores em substituição às aulas expositivas, muito criticadas pela pouca participação do aluno no processo de ensino-aprendizagem.

O ensino socializado na sala de aula teve sua origem no movimento da Escola Nova e, mais especificamente, a partir dos estudos feitos pelos psicólogos sociais, que criaram um ramo de estudo mais conhecido por Dinâmica de Grupo.

A dinâmica de grupo é inspirada na Psicologia da Gestalt e na teoria de Kurt Lewin, que visa a analisar a natureza dos grupos, as inter-relações de seus membros, as alterações que se processam em seu âmago, geradas por forças internas e externas.

---

* Professora da Faculdade de Educação da Universidade de Brasília.

Balzan (1980, p. 123), ao distinguir algumas fases na linha evolutiva de implantação das técnicas de trabalho socializado ou de grupo, afirma:

> introduzida com certa ansiedade na década de 50 – altas expectativas em torno de seus resultados, mesclados com fortes temores em relação a mudanças de procedimentos estruturados – desenvolvidas com certa parcimônia no início dos anos sessenta, alguns anos depois passou a caracterizar um dos modismos vigentes na Educação Renovada. Lamentavelmente, o trabalho de grupo estruturou-se antes que fosse mais bem fundamentado, questionado e revisto por parte dos educadores.

A aplicação do trabalho em grupo às atividades escolares foi fundamentada nas técnicas propostas e sistematizadas pela dinâmica de grupo, o que é comentado por Carvalho (1979, p. 216):

> Ensaiam-se, assim, nas salas de aulas, sem muito maior freqüência do que outrora, modalidades de agrupamento, e formas de organização das atividades de ensino e de aprendizagem, inspiradas nas técnicas que a dinâmica de grupo havia sistematizado; a discussão em pequenos grupos; os grupos de cochicho; a discussão 66 ou Philips 66 (fracionamento do grupo em pequenos grupos de seis, que discutem um assunto durante seis minutos); o simpósio; os painéis; as comissões; o diálogo; a entrevista; a discussão livre; a dramatização; as oficinas (*workshop*); as conferências; os institutos; o fórum; o *brainstorming*; os seminários etc.

Entre as técnicas citadas, selecionei uma das mais utilizadas – o seminário – que é uma técnica de ensino que, em seu desenrolar, pode se utilizar da exposição oral, da discussão e do debate.

No campo da Didática, sob o enfoque crítico, o ensino socializado é centralizado na ação intelectual do aluno sobre o objeto da aprendizagem por meio da cooperação entre os grupos de trabalho, da diretividade do professor, não só com a finalidade de facilitar a aprendizagem, mas também para tornar o ensino mais crítico (explicitação das contradições) e criativo (expressão elaborada). Nesse sentido, tanto o professor quanto o aluno deixam de ser sujeitos passivos para se transformar em sujeitos ativos, capazes de propor ações coerentes que propiciem a superação das dificuldades detectadas.

1. Premissas básicas do ensino socializado

A justificativa teórica para o ensino socializado, da forma como é concebido neste estudo, está calcada em três premissas básicas.

A primeira diz respeito à própria natureza do homem que traz consigo um sentimento de inter-relacionamento, de necessidade de interação. Nos grupos formados com objetivos educacionais, a interação deverá estar sempre provocando uma influência recíproca entre os participantes do processo de ensino, o que me permite afirmar que os alunos não aprenderão apenas com o professor, mas também através da troca de conhecimento, sentimentos e emoções dos outros alunos. É a premissa do campo psicológico ou afetivo onde a noção de grupo está vinculada à de interação.

A segunda premissa é a de que tanto o professor quanto os alunos não podem ser pensados independentemente, ou seja, como indivíduos isolados de suas situações concretas, de sua história e de sua vida. Professor e alunos são seres contextualizados. As relações que se estabelecem entre professor e alunos, portanto, são profundamente marcadas pelas contradições sociais.

A importância conferida a essa premissa transparece no seguinte comentário:

> Na sala de aula, o professor encontra pela frente alunos com diferentes características, provenientes de diferentes famílias, grupos e classes. O professor, por sua vez, é também fruto da realidade, pertence a uma classe social e a um meio familiar, é portador de valores e aspirações. (Veiga 1989, p. 88)

Para mim está muito claro que a inserção do aluno no contexto socioeconômico-político é um processo que não depende apenas de sua iniciativa, mas que deve contar com a intervenção, com a direção do professor. Essa é a premissa do campo sociológico.

A terceira premissa é decorrente das anteriores, e diz respeito ao estabelecimento do diálogo que engaja professor e alunos num esforço e respeito comuns, procurando atingir uma compreensão mais crítica da realidade social. Há espaço para a convivência e para o cumprimento do trabalho pedagógico. Há também necessidade de um envolvimento comum a professor e aluno, sem esquecer o papel insubstituível do primeiro ao assumir o trabalho pedagógico de forma intencional, sistemática e planejada. Cabe ao professor provocar questões; reflexões, delinear caminhos, junto com o aluno, em direção a um processo de ensino-aprendizagem mais dinâmico e insistir em passar da relação paternalista e de dependência para a de autonomia e independência. A autoridade do professor viria contribuir para ajudar o aluno em seu processo de aquisição-produção do conhecimento, exigindo dele esforço e disciplina. Assim, o diálogo estabelece uma relação de autoridade do professor para com o objeto do conhecimento e, consequentemente, de autoridade para com os alunos. É a premissa voltada para o campo político-pedagógico que abre espaço para a democracia das relações na sala de aula.

Freire (1986, p. 123) tece, a esse respeito, a seguinte consideração:

> ... o diálogo é uma espécie de postura necessária, na medida em que os seres humanos se transformam cada vez mais em seres criticamente comunicativos. O diálogo é o momento em que os humanos se encontram para refletir sobre sua realidade tal como a fazem e re-fazem.

O diálogo não é uma técnica pedagógica, mas é a posição do professor em relação aos estudantes e ao conteúdo. Assim, a relação professor e estudantes não é somente interpessoal, afetiva e amistosa, mas fundamentalmente social e político-pedagógica. É uma comunicação democrática, que invalida as relações dominantes, reduz a obscuridade. Enfim, "o diálogo sela o ato de apreender, que nunca é individual, embora tenha uma dimensão individual" (Freire 1986, p. 14).

2. O seminário como técnica de ensino

Etimologicamente o nome desta técnica vem da palavra latina *seminariu,* que significa viveiro de plantas onde se fazem as sementeiras. Sementeira indica a ideia de proliferação daquilo que se semeia, local onde se coloca a semente. Isso significa que o seminário deve ser a ocasião de semear ideias ou de favorecer sua germinação (Dicionário da Língua Portuguesa de Aurélio Buarque de Holanda).

No sentido amplo, seminário significa um congresso científico, cultural ou tecnológico, isto é, um grupo relativamente numeroso de pessoas (educadores, especialistas, técnicos e alunos), com o propósito de estudar um tema ou questões de uma determinada área sob a coordenação de uma comissão de educadores, especialistas ou autoridades no assunto. Como exemplo, cito: I Seminário A Didática em Questão, Seminário Nacional de Prática de Ensino Supervisionado, Seminário Tendências e Prioridades do Currículo na Realidade Brasileira etc.

No sentido restrito, o seminário visto como técnica de ensino é o grupo de estudos em que se discute e se debate um ou mais temas apresentados por um ou vários alunos, sob a direção do professor responsável pela disciplina ou curso.

2.1. Os estudos sobre o seminário como técnica de ensino

A literatura didática tem-nos dado conta de algumas discussões sobre a técnica do seminário. A maior parte delas refere-se a orientações prescritivas sobre as características e os esquemas de funcionamento de um seminário, sem, contudo, entrar na discussão de sua fundamentação teórica.

Uma das orientações prioritárias na caracterização do seminário é relativa ao "como se organiza", que vai desde o preparo do tema, arranjo físico da sala de aula, número de participantes, duração, até a realização e avaliação do mesmo. Outras orientações giram em torno das precauções necessárias ao êxito de um seminário, chamando atenção para o conhecimento prévio do trabalho a ser apresentado pelos relatores ou expositores, a necessidade de se evitar discursos nas exposições a fim de não tornar a sessão monótona, a importância dos papéis a serem desempenhados pelo relator, comentador, coordenador e demais integrantes ou participantes do mesmo.

Os primeiros estudos que se propuseram a analisar a importância da técnica do seminário foram marcados pela crítica, quanto a sua preparação e forma de aplicação.

Balzan (1980, p. 121) ao discutir sobre sete asserções inaceitáveis sobre a inovação educacional dá importantes contribuições para o estudo do seminário como técnica de ensino. Ao anunciar a asserção "seminário significa aula expositiva dada pelos alunos", o autor aponta alguns equívocos com relação à técnica do seminário que, sinteticamente, apresento a seguir:

- o primeiro equívoco tem origem numa tentativa mal fundamentada de substituir o monólogo do professor pelo monólogo do aluno, que nada tem que ver com seminário;
- o segundo equívoco cai na extrema divisão do trabalho, a descontinuidade e, portanto, a ausência de interação;
- o terceiro equívoco é o de se ficar em generalidades, superficialidades, pois o trabalho conjunto de investigação passa a ser substituído por algo não problematizante.

Mais recentemente, dentre as reflexões já realizadas em torno do seminário estão as de: Machado (*apud* Rodrigues Jr. 1989, p. 2), que, ao observar o emprego dessa técnica em quatro disciplinas de cursos oferecidos pela Universidade de Brasília, registrou diferentes composições numéricas dos grupos; Vieira e Alonso, também citados por Rodrigues Jr., enfatizaram a importância de se preparar "uma estrutura que possibilite resumir as conclusões do seminário"; Singer (1988, p. 32) analisou depoimentos de alunos que enaltecem o sucesso do seminário, bem como aqueles marcados por "apatia, desatenção e mesmo tensão".

Pierroti (1990) levantou dados importantes sobre o processo de ensino no curso de licenciatura em Letras. Uma questão por demais evidenciada na percepção dos alunos está relacionada à metodologia didática. A crítica dos alunos recai na utilização do seminário como técnica única empregada pelos professores, o que torna as aulas monótonas e cansativas.

Outro ponto importante apontado pelos alunos é a substituição de aula ministrada pelo professor por uma aula dada pelo aluno. Isso vem confirmar a aceitação da assertiva já anunciada por Balzan – *seminário significa aula expositiva dada pelos alunos* (1980, p. 121).

Sumariando as constatações obtidas por Pierroti a partir da percepção dos alunos no tocante ao seminário, pode-se afirmar que muitos estudantes sugerem: a diversificação das técnicas de ensino e a redução do número de seminários, que são importantes desde que bem planejados e bem orientados pelos professores. Embora seja possível desenvolver toda uma disciplina, ou curso, mediante a técnica de seminário, especialmente no caso da pós-graduação, na graduação e no ensino médio deve-se atender ao princípio da variedade, ou seja, o emprego variado de técnicas de ensino, de recursos materiais e de abordagens.

Ao analisar a prática pedagógica de professores com alunos de diferentes licenciaturas, percebi que o seminário como técnica de ensino não vem acompanhado de uma mudança por parte do professor. Não há aquisição de uma nova atitude por parte do mesmo em relação ao processo de ensino nem uma tomada de consciência das contradições inerentes ao seu trabalho.

Verificou-se que o emprego da técnica se limita a distribuir um tema para cada grupo, para expor e criticar o assunto.

Discutindo sobre a forma como é empregada a técnica, alguns alunos reforçam os aspectos negativos àquilo que diz respeito ao seminário: "O aluno não prepara direito e o assunto fica mais superficial..." (Maria); "... o aluno não transmite de uma forma boa e o aluno que não leu não tem condições de discutir..." (Antônio); "... é o cara na frente tremendo e suando..." (Vera); "... o professor discorda e repete o que o aluno falou..." (André); "... quem não faz o seminário não aprende nada ..." (José).

Nota-se que os alunos estão percebendo também a importância de sua participação como elementos ativos e críticos do processo ensino-aprendizagem, que devem ter responsabilidades e obrigações. Isso implica estudar o tema do seminário com profundidade, participar da discussão, querer conhecer, questionar o conhecimento que está sendo discutido. Cabe ao professor aprofundar o assunto, tendo em vista o estudo analítico das ideias do autor, estabelecer relações, levantar hipóteses, provocar o aluno, encaminhar conclusões, enfim, conduzir o seminário.

Um mergulho nessas evidências revela que, se de um lado o seminário apresenta pontos críticos que precisam ser repensados, por estarem prejudicando a efetividade de seu emprego e levando a resultados não desejáveis, por outro, os depoimentos orientam-se no sentido de indicar pontos positivos necessários à revisão da concepção da técnica de ensino em pauta. Isso torna-se mais claro nos seguintes depoimentos: "... quem faz o seminário aprende muito..." (Marta); "... o professor sugeria uma bibliografia para leituras de aprofundamento..." (Antônio); "... o professor levanta categorias para a leitura de textos e livros..." (Fred).

Esses estudos são importantes para a compreensão da prática pedagógica. Talvez sua maior contribuição tenha sido a de possibilitar que a prática repetitiva e acrítica dê lugar a uma prática pedagógica reflexiva e crítica, deixando de lado o fazer pelo fazer, o fazer ingênuo ou o fazer fundamentado no modismo.

2.2. Características gerais do seminário

Basicamente, o seminário é uma técnica de ensino socializado, na qual os alunos se reúnem em grupo com o objetivo de estudar, investigar, um ou mais temas, sob a direção do professor.

Uma das características essenciais do seminário é a oportunidade que este cria para os alunos se desenvolverem no que diz respeito à investigação, à crítica e à independência intelectual. O conhecimento a ser assimilado, reelaborado e até mesmo produzido não é "transmitido pelo professor", mas é estudado e investigado pelo próprio aluno, pois este é visto como sujeito de seu processo de aprender. Isto é, para mim, um ato de conhecimento e não uma mera técnica para a transmissão do mesmo.

Outra característica do seminário é que a participação do professor não é mais predominante. O professor é o que orienta, conduz e dirige o processo de ensino. Nesse sentido, o professor assume o papel de coordenador do seminário. A coordenação deve estar presente nas diferentes etapas do seminário. Vale lembrar que a técnica está sujeita ao fracasso quando o professor não desempenha adequadamente sua função e quando os alunos não assumem com responsabilidade seus encargos.

O seminário tem por objetivos:

- investigar um problema, um ou mais temas sob diferentes perspectivas, tendo em vista alcançar profundidade de compreensão;
- analisar criticamente fenômenos observados, ou as ideias do(s) autor(es) estudado(s);
- propor alternativas para resolver as questões levantadas;
- trabalhar em sala de aula de forma cooperativa;
- instaurar o diálogo crítico sobre um ou mais temas, tentando desvendá-los, ver as razões pelas quais eles são como são, o contexto político e histórico em que se inserem.

O emprego do seminário como técnica de ensino implica três etapas. A primeira é a preparação que envolve encargos, tanto para o professor como para os alunos.

Cabem ao professor as seguintes providências:

- explicitar os objetivos claramente;
- sugerir temas adequados aos alunos, justificando a importância dos mesmos;
- ajudar os alunos a selecionar subtemas;
- recomendar bibliografia (mínima e complementar) a ser estudada por todos os participantes do seminário;
- orientar os alunos na busca e localização de fontes de consulta: livros, relatórios de pesquisa, textos, autores, pessoas, instituições e bibliotecas;
- dar orientações escritas sobre pontos essenciais do tema, sugerir categorias de análise, formular questões para serem analisadas e discutidas;
- preparar o calendário prevendo o tempo necessário à efetivação da(s) leitura(s) indicada(s) e para a apresentação dos trabalhos pelos alunos;
- prever o arranjo físico da sala de aula que favoreça o debate, a discussão, enfim, o diálogo.

Aos alunos compete:

- escolher o tema ou subtema;
- obter as informações, dados, ideias, por intermédio de pesquisas, experimentações, levantamentos, leituras, entrevistas, que os capacitem a participar ativamente do seminário;
- ler a bibliografia sugerida e estudar previamente o tema escolhido com profundidade, individualmente ou em grupo,

quando o seminário está sob a responsabilidade de uma equipe de alunos;

- escolher os relatores e comentaristas;
- providenciar os materiais e recursos de ensino necessários à realização do seminário.

A segunda etapa é a apresentação do tema e discussão dos mesmos por meio das técnicas da exposição oral, do debate e da discussão. Nessa etapa, o papel do professor é o de direcionar o processo, no qual os estudantes estão juntos. Ao dirigir o seminário, o professor deve ser exigente e não permissivo: exigindo que os alunos pensem sobre as questões levantadas, questionando suas afirmações, sintetizando as ideias principais, estabelecendo relações do conteúdo com outras áreas do conhecimento, exemplificando, utilizando resultados de pesquisa, estimulando-os às conclusões finais, para finalmente consolidá-las.

O importante é que o professor instale o diálogo crítico, procurando coletivizar as questões suscitadas em sala de aula, usando a indagação como forma de conduzir o seminário.

Nessa etapa, os participantes do seminário não devem se colocar na condição de meros ouvintes. Todos têm uma parcela de contribuição no decorrer do mesmo.

As atividades básicas, tanto dos alunos responsáveis pelo seminário como dos demais participantes, são as seguintes:

- apresentação do trabalho por escrito (relatório ou síntese), com cópias para cada participante do seminário;
- exposição do tema com objetividade;
- formulação de questões críticas – escrevendo sobre elas, discutindo-as seriamente;
- solicitação de esclarecimentos para sanar dúvidas, definir posturas, argumentar e contra-argumentar, buscar respostas

às questões levantadas, estabelecer confrontos, encaminhar conclusões, registrando-as.

Considera-se como terceira etapa a apreciação final sobre o trabalho realizado, tanto por parte dos responsáveis pelo seminário e demais participantes quanto do professor, que tece comentários gerais, sugerindo novos estudos a respeito do tema, quando for o caso. É aconselhável que o trabalho escrito ou síntese sejam revistos a partir das discussões desencadeadas ao longo do seminário.

A apreciação do seminário pode ter efeito de atribuição de nota ou menção.

O seminário é de grande valia quando se pretende apresentar um tema novo ou aprofundar um assunto mais polêmico. Trata-se de uma técnica mais adequada às classes de ensino médio e aos alunos de graduação e pós-graduação. A sua validade deve-se ao fato de ser uma excelente técnica para estimular a produção do conhecimento.

Comparando os pontos positivos com os equívocos e restrições feitas para o emprego adequado do seminário, verifica-se que as limitações apontadas encaminham-se para os aspectos técnicos e que não são inerentes ao processo e sim a quem deles participa. Nesse sentido, o sucesso do seminário vai depender em parte do professor e em parte do aluno.

Bibliografia

BALZAN, Newton César (1980). "Sete asserções inaceitáveis sobre a inovação educacional". *Revista Educação e Sociedade* 6, junho. São Paulo: Cortez e Autores Associados, pp. 19-30.

BORDENAVE, J.D. e PEREIRA, Adair M. (1980). *Estratégias de ensino-aprendizagem*. 3ª ed. Petrópolis: Vozes.

CARVALHO, Irene Mello (1979). O *processo didático*. 3ª ed. Rio de Janeiro: Fundação Getúlio Vargas.

CASTRO, Amélia A. Domingues *et al.* (1972). *Didática para a escola de 1º e 2º graus*. 2ª ed. São Paulo: Edibell.

COLLETTO, Nires (1982). *Procedimentos de ensino: Técnicas*, modelo III, secção II. Santa Maria: Universidade Federal de Santa Maria.

FREIRE, Paulo e SHOR, Ira (1986). *Medo e ousadia: O cotidiano do professor*. Rio de Janeiro: Paz e Terra.

GODOY, Arilda Schimidt (1988). *Didática para o ensino superior*. 2ª ed. São Paulo: Iglu.

HOLANDA, Aurélio Buarque de. *Dicionário da língua portuguesa*.

NÉRICI, Imideo G. (1981). *Metodologia do ensino: Uma introdução*. São Paulo: Atlas.

OLIVEIRA, Alaide Lisboa (1968). *Nova didática*. Belo Horizonte: Bernardo Alvares.

PIERROT, Amábile (1990). "Como vai o seu curso de Letras?". Brasília. (Mimeo.)

RODRIGUES JR., José Florêncio (1989). "Notas sobre o seminário na prática acadêmica". Brasília: Universidade de Brasília. (Mimeo.)

RONCA, Antônio Carlos Caruso e ESCOBAR, Virginia Ferreira (1979). *Técnicas pedagógicas: Domesticação ou desafio à participação?*. Petrópolis: Vozes.

SINGER, S. (1988). "Maioria dos estudantes prefere aula expositiva a seminário". *Folha de S.Paulo*, 8 de maio, 2º caderno, p. 32.

VEIGA, Ilma Passos Alencastro (1989). *A prática pedagógica do professor de didática*. Campinas: Papirus.

7
ESTUDO DO MEIO

*Regina Célia de Santis Feltran**
*Antônio Feltran Filho***

A análise da técnica Estudo do Meio tem o objetivo de verificar a sua possível contribuição à melhoria do ensino para o contingente expressivo de alunos das escolas fundamental e média neste país.

É indispensável, no entanto, considerar-se a situação dessas escolas, principalmente no que se refere a dois aspectos:

- a ausência de pesquisas sobre a nova população escolar que tem conseguido progressivo acesso à rede pública;
- a evasão também progressiva, que alija da escola brasileira aqueles que a conquistaram.

---

* Professora do Departamento de Princípios e Organização da Prática Pedagógica da Universidade Federal de Uberlândia.

** Professor do Departamento de Geografia da Universidade Federal de Uberlândia.

O primeiro aspecto mencionado reporta-se à expansão de nosso sistema de ensino. Segundo dados divulgados pelo SEEC/MEC, os índices de crescimento de matrículas na década de 60 atingem 64% para o antigo ensino primário, 138% para o antigo ginásio e 275% para o antigo colegial; na década de 70 são de 26,8% para as quatro primeiras séries do 1º grau, hoje ensino fundamental, 113% para as quatro últimas séries do 1º grau e 180% para o 2º grau, hoje ensino médio (Paiva 1985, p. 1).

Embora o aumento das oportunidades escolares nos níveis de ensino fundamental e médio tenha ficado aquém dos índices de crescimento da população no período mencionado, e com constatações ainda mais desalentadoras na década atual, não há dúvida de que um contingente considerável de crianças e jovens, provindo das camadas sociais mais empobrecidas, matricula-se anualmente na escola pública brasileira. E não se conhece este novo aluno, fato que é frequentemente assumido em publicações atuais.

> ... são essenciais estudos de caracterização das crianças brasileiras concretas, identificando seus diferentes modos de vida e suas relações com família, comunidade e escola. (Kramer 1982, p. 118)
>
> Quem é esta criança que vamos atender? (Saraiva 1982, p. 13)

A ausência de pesquisa sobre a clientela escolar brasileira tem gerado, ao lado de outros fatores também relevantes, a inadequação do ensino, desde a instância da definição de fins educacionais até a seleção de conteúdos, de procedimentos didáticos e de linguagem apropriada à interação pedagógica.

A democratização das oportunidades escolares e das relações sociais tem que ver com a escola de qualidade para todos. Por isso é indispensável a pesquisa deste novo aluno e não apenas a consideração apressada de que ele é um representante de uma classe social. Há grupos socioculturais distintos nas diversas classes sociais, sendo questionável a adoção de um único modelo de ensino, mesmo que a intenção seja direcioná-lo a favor dos interesses das classes populares para se atingir a maioria da população. A verdade é que, por mais parecidas que sejam as carências desses alunos, são exclusivas, tanto quanto diversificadas, as suas expressões socioculturais.

É muito significativa a constatação obtida em pesquisas desenvolvidas em outros países e, em estágio inicial no Brasil, evidenciando que a construção do conhecimento em crianças de diferentes grupos sociais ocorre por meio de estratégias diferentes e peculiares, que atendem a necessidades de sobrevivência desses agrupamentos socioculturais distintos (Assis 1986, p. 69).

Há razão, portanto, para se afirmar que, perante a riqueza das manifestações culturais existentes no território brasileiro, a definição pedagógica da ação escolar na rede pública de ensino em expansão está a exigir pesquisa permanente, que fundamente o planejamento desta ação durante o seu próprio desenvolvimento.

Disso resultam algumas questões que se colocam aos educadores:

> - como dar atendimento às características específicas dos grupos socioculturais brasileiros de forma a colaborar para a sobrevivência desses grupos?;
> - como proporcionar ao aluno o acesso ao conhecimento erudito a partir do saber próprio de seu grupo de origem?;
> - e, finalmente, qual a escola requerida pela população brasileira? (R.C.S. Feltran 1990, p. 24)

Quanto ao segundo aspecto, destacado para a análise das condições atuais da escola pública – a evasão – se não bastassem as observações diárias de crianças e jovens fazendo dos arredores da escola a rara oportunidade de lazer, abandonando-a definitivamente ou até a próxima matrícula, fato que tem levado ao constrangimento estagiários e supervisores de estágio das licenciaturas – há dados estatísticos ainda mais assustadores.

> De cada 100 alunos matriculados, mais da metade, ou seja, 53% em média, abandonam a escola logo no decorrer da primeira série. Dados

mais recentes, de 82, revelam que de 100 alunos que entraram na 1ª série em 1967, apenas 24 se matricularam na 7ª série em 1982. Apenas 6 em cada 100 conseguem matrícula na 1ª série do ensino superior. (Garcia 1984, pp. 31-34. *In:* Araújo Filho 1984, p. 15)

A evasão e a repetência são tão graves que 82% das crianças estão saindo da escola de 1º grau, antes de completar este grau. Se nós verificarmos o que ocorre na pirâmide escolar até a 4ª série, vamos observar que 75% dos alunos de 1º grau estão saindo entre a 1ª e 4ª séries. (Rocha 1984, pp. 26-30. *In:* Araújo Filho 1984, p. 15)

A despeito do montante de razões sociais que condicionam ou determinam a evasão, há outras que se situam no interior da escola e que dizem respeito ao pedagógico e à sua forma de acontecer.

Sem desconsiderar a interação entre essas e as outras razões, é sobre este fator – o pedagógico – que incidirá o foco de análise da questão, por se acreditar que a equipe escolar possa desempenhar uma ação decisiva na busca de alternativas para a qualidade de ensino e o combate aos índices abusivos de evasão.

Ambos os aspectos inicialmente destacados a respeito da situação da escola pública fundamental e média estão muito relacionados. O desconhecimento do aluno tem consequências nas decisões curriculares que, inadequadas, acabam por favorecer o abandono dos bancos escolares. Por outro lado, o encaminhamento oportuno e reflexivo da proposta pedagógica poderá facilitar:

- a garantia de maior permanência do aluno na escola;
- o acesso deste aluno ao saber erudito, considerado o seu dinâmico patrimônio sociocultural;
- e, consequentemente, a sobrevivência de grupos socioculturais distintos.

No contexto das relações assim estabelecidas da educação escolarizada e sociedade brasileira é que neste trabalho se justifica a relevância do estudo de uma técnica de ensino. Tentar-se-á durante a análise pretendida, resposta à seguinte questão:

Qual a contribuição do estudo do meio para:

- o conhecimento do aluno que superlota e paradoxalmente esvazia a escola pública brasileira fundamental e média?
- a diminuição dos índices de evasão?

Propõe-se um caminho que deverá passar pelo histórico do estabelecimento desta técnica, buscando-se identificar, no interior de sua proposta, os próprios elementos autossuperadores.

1. Estudo do meio e os métodos ativos

O estudo do meio é, reconhecidamente, "um verdadeiro patrimônio da Escola Nova" (Balzan 1969, p. 99). E, como tal, reflete a Pedagogia que enfatiza, entre outros aspectos relevantes:

- a unidade representada pelo trabalho escolar e condições gerais da vida dos educandos;
- o papel da escola no planejamento de situações facilitadoras e propiciadoras da ação do aluno;
- a compreensão da aprendizagem como processo de aquisição segundo condições e ação pessoal;
- a concepção de desenvolvimento como unidade representada pelos domínios intelectual, moral e social;
- a importância da cientificidade dos métodos de ensino.

Surgiu no interior da proposta de atividade, em contraposição à passividade criticada no ensino tradicional, sendo que o próprio conceito de atividade revestiu-se de conotações distintas em determinados autores, por vezes referindo-se à condição necessária para se atingir os fins educacionais explícitos, outras vezes confundindo-se com a própria finalidade da ação escolar ou educativa (Lourenço Filho 1963, p. 154).

Identificam-se as características desta Pedagogia em algumas conceituações de Estudo do Meio encontradas nas publicações da década de 60 e, em especial, em duas que serão tomadas como representantes das mesmas.[1] Alguns destaques dos escritos de Balzan e Magaldi explicitarão o mencionado.

> ... a própria seqüência do Estudo do Meio, abrangendo um planejamento inicial, a execução (quando o aluno observa os fatos, compara-os, entrevista pessoas etc.) a exploração de seus resultados e sua avaliação constitui uma proposta científica de trabalho, que visa levar o aluno a se familiarizar com esse método, e a utilizá-lo em situações novas, com que porventura venha a se defrontar. (Balzan 1969, p. 100)

Nesse momento o autor eleva a técnica à categoria de método e refere-se primordialmente à atividade como condição científica de trabalho escolar atendendo a objetivos definidos sobre a relação entre escola e vida. Este último aspecto é declarado com mais ênfase nas afirmações que se seguem:

> É uma técnica de grande importância, pois é através dela que se leva o aluno a tomar contacto com o complexo vivo, com um conjunto significativo que é o próprio meio, onde natureza e cultura se interpenetram... (Balzan 1969, p. 106)

> ... afirmou-se como verdade pacífica... o princípio de que ESCOLA É VIDA e não pode fechar-se, portanto, em relação àquilo que constitui, em cada momento, o próprio contexto em que o homem

1. São elas: N.C. Balzan. "O estudo do meio no curso ginasial". *In:* A.D. Castro. *Didática da escola média: Teoria e prática*, pp. 99-107; e S. Magaldi. "O estudo do meio no curso ginasial". *Revista de Pedagogia*, ano XI (19-20), pp. 69-83.

> faz sentido, não pode continuar a ser um compartimento fechado, pseudo-preparando para a vida, fora da vida. (Magaldi 1965, p. 69)

A técnica com finalidade própria, identificando-se com o objetivo maior de crescimento e atualização do ser humano desponta no entusiasmo de Balzan ao final da publicação, correspondendo à posição de Magaldi na conceituação que é apresentada a seguir.

> Mas o Estudo do Meio é além de um instrumento metodológico, um *fim em si mesmo,* dado o enorme valor informativo que apresenta... Estudar o meio, portanto, não significa contemplar a realidade. Significa, isto sim, trazer a realidade para dentro de si – assumi-la. (Balzan 1969, p. 106)
>
> ... estamos diante de um INSTRUMENTO do trabalho educacional, mas também de um FIM educacional em si mesmo. (Magaldi 1965, p. 69)

A ênfase na atividade do aluno como propiciadora de desenvolvimento corresponde à visão interacionista entre indivíduo e meio na construção do conhecimento. Hannoun, em *À la conquête du milieu*, analisa minuciosamente essa relação construtiva da qual emerge o conhecimento à medida que se organizam e são colocadas em funcionamento as estruturas cognitivas da criança. Não há predominância de um domínio do desenvolvimento sobre outro, mas a unidade entre a vida intelectual, moral e social. Hannoun sintetiza essa compreensão nos seguintes dizeres:

> A criança constitui, em primeiro lugar, um corpo, a partir do qual aparecem, em certas condições, um psiquismo e, sobretudo, uma vida afetiva.
>
> - A criança é um espírito que nasce e se desenvolve.
> - A criança é um ser social que deve aprender a viver com os outros. (Hannoun 1977, p. 10)

Observem, a propósito, os destaques da publicação de Balzan:

> ... Desde que se pretenda de fato desenvolver plenamente a personalidade do educando, o Estudo do Meio passará a se constituir como uma atividade de excepcional importância na vida da escola. (Balzan 1969, p. 100)
>
> ... Deve levar à maturidade e para isso é necessário que o aluno volte do Estudo do Meio modificado – mais rico em experiências que quando partiu; que através dele, o aluno cresça como pessoa. (Balzan 1969, p. 106)

A concepção interacionista dos métodos ativos assenta-se no conceito de adaptação, atividade principal do ser humano, por meio da qual a criança toma consciência de seu mundo e dele participa de maneira construtiva.

Foi sob esse teto histórico-conceitual que o estudo do meio surgiu e ganhou expressão no cenário pedagógico nacional, refletindo posições surgi das internacionalmente e que podem bem ser captadas no texto que se segue:

> Ajudar a criança a conhecer e dominar o espaço que a rodeia, o tempo do qual é prisioneira, os objetos que manipula por necessidade ou curiosidade, os seres vivos que a atraem e a inquietam, todos os fenômenos do mundo, tão misteriosos para ela... todas estas preocupações podem considerar-se, por sua vez, como o conteúdo efetivo das atividades exploradoras ou de tomada de consciência e o próprio objetivo que perseguimos na escola elementar. (Hannoun 1977, p. 12)[2]

---

2. Interessante notar que o texto citado se refere à publicação do autor, datada de 1977, em busca de novos caminhos para a educação, a propósito da Reforma Pedagógica da França, proposta em 1973.

2. *Estudo do meio: Resgate de seu significado*

Pretende-se inicialmente examinar expressões rotineiras que têm deturpado o sentido e o mérito do estudo do meio, tentando desvinculá-lo das mesmas. Acredita-se que essas expressões carregam valores e outras compreensões que têm anulado possibilidades que essa técnica apresenta à forma do acontecer pedagógico, alem de se converterem em posturas mais conservadoras. Em seguida, objetiva-se precisar conceitos básicos envolvidos, explicitando caminhos mais adequados para essa nova proposta.

2.1. Revendo conotações do senso comum

Foram destacadas três afirmações encontradas no cotidiano das escolas.

a) Para se fazer estudo do meio é necessário e imprescindível a saída do ambiente escolar.

Há uma afirmação de Magaldi, bastante radical nesse sentido:

> ... Mas só os trabalhos, as técnicas e métodos utilizados fora da escola, mergulhados no MEIO, poderão proporcionar experiências vivas e vivenciadas... (Magaldi 1965, p. 70)

Não há dúvida de que são indispensáveis as saídas planejadas para locais outros que não a escola. No entanto, quando a vida da escola considera, de fato, a sociedade que nela se reflete e direciona-se no sentido da transformação social, não existe a distância entre indivíduo (aluno) e meio (sociedade ou grupos socioculturais).

b) O valor do estudo do meio está na aproximação que viagens e excursões proporcionam a alunos e professores de várias áreas.

Embora esse resultado deva ocorrer, e é oportuno que ocorra, essa técnica não deve ser utilizada de maneira paralela ao trabalho da escola como um todo. Há duas décadas, Balzan já advertia:

> ... Será uma *atividade extra-classe*, mas jamais *extra-curricular*, porque parte integrante de todo o processo educativo desencadeado pela escola.
> ... embora possa incluir viagens e excursões, jamais serão simples viagens e excursões. (Balzan 1969, p. 100)

c) O estudo do meio força ou artificializa uma integração das diversas áreas. Quando não é possível integrar via conteúdo, tem que ser por objetivo.

Essa afirmação ocorre com certa frequência entre alguns professores, muitas vezes preocupados em vencer o conteúdo de sua disciplina em determinado período letivo, principalmente no sentido de atender à propalada transmissão do saber sistematizado. Sem dúvida essa é uma preocupação legítima. No entanto, o estudo do meio não deve ser entendido como fim em si mesmo, mas como técnica a serviço de fins claramente definidos. Não deve envolver obrigatoriamente todas as áreas de estudo, nem contudo excluir sem maiores cuidados algumas delas, em virtude dos argumentos contidos na afirmação inicial. O seu planejamento obedecerá a algumas premissas que a análise de conceitos básicos pretende explicitar.

2.2. Analisando conceitos básicos

As conceituações a respeito do meio usualmente encontradas na literatura referem-se, quase sempre, ao meio externo físico suscetível de influenciar e ser influenciado pela vida biológica social, ou cultural.

> Meio físico é o mesmo que meio natural, caracterizado pelos diversos elementos físicos e bióticos... (*Dicionário geológico-geomorfológico* 1980, p. 284)

Estudar o meio sempre foi um tipo de investigação importante para o homem, tendo motivado a busca do conhecimento da superfície do planeta pelos mais variados motivos e objetivos.

Com o advento do moderno capitalismo industrial e o elevado grau de desenvolvimento de forças produtivas, acentuou-se não apenas o conhecimento, mas também a exploração do meio pelo homem, provocando sério agravamento de problemas relativos ao equilíbrio ambiental e a contrapartida de movimentos para a proteção e a conservação do ambiente.

O conceito de meio reveste-se dessas conotações, encontrando-se vasta bibliografia sobre os mais variados temas relativos a meio ambiente e melhoria de vida da população.

O progresso técnico-científico, resultante dos esforços no enfrentamento de problemática dessa natureza, não apenas contribui para a redução de índices de mortalidade e o ganho de condições mais apropriadas de vida, como também para o desenvolvimento de metodologias e de instrumentos de análise do próprio objeto de estudo, o meio ambiente.

O aumento populacional suscita questões de cunho social e político da seguinte natureza:

> ... como alimentar e vestir as massas trabalhadoras e promover o crescimento econômico e progresso em geral, lançando mão para isso de uma crescente exploração dos recursos naturais de modo plenamente ajustado e não predatório?... como conciliar o equilíbrio das estruturas sociais com o equilíbrio ecológico? (J.X. Silva e M.J.L. Souza 1988, p. 20)

Dentre os esforços para o enfrentamento de problemas tão complexos, situa-se a educação ambiental, sobre a qual tantos conceitos foram emitidos. Destaca-se uma dessas tentativas propondo:

> ... se a criança adquire uma compreensão (conhecimento) ambiental ampla, ela desenvolve uma consciência social (atitude) que afetará seu comportamento (ações) em relação ao meio ambiente total. (Southern 1972, p. 29)

Há uma ênfase na compreensão de que "o dilema ambiental requer respostas sociais, bem como tecnológicas" (R.T. Tanner 1978, p. 76), de que o meio ambiente não se restringe ao meio natural e nem é possível circunscrever seus limites. Assim como "os problemas ambientais não respeitam as fronteiras criadas pelos homens para limitar suas comunidades, estados ou nações..." (R.T. Tanner 1978, p. 75), nenhum ser dos domínios mineral, vegetal ou animal estará à parte desse meio. O homem, que o estudava como um expectador, encontrou-se no palco dos acontecimentos, colocado em cena.

A complexidade do estudo do meio torna-se cada vez maior, superando-se a perspectiva multidisciplinar, em que a realidade é estudada tentando-se a justaposição de diferentes pontos de vista ou saberes especializados. A proposta de abordagem interdisciplinar apela à totalidade, à visão conjunta desde o início da colocação do problema e durante todo o processo de construção do conhecimento. Um exemplo da nova metodologia apoiada na interdisciplinaridade é a análise ambiental, que está sendo considerada

> uma alternativa altamente válida para a superação do paradoxo oriundo da segmentação do trabalho acadêmico, ou seja, da enorme fragmentação do saber científico adquirida com a inevitável sofisticação, aprofundamento e multiplicação dos conhecimentos. (J.X. Silva e M.J.L. Souza 1988, p. 16)

Esta nova metodologia, mais frequente em pesquisas realizadas no ensino superior e de pós-graduação, estará também presente nos estudos do meio da escola fundamental e média.

3. Estudo do meio: Contribuições a uma proposta

Pretende-se demonstrar, pela análise de duas premissas básicas, o valor do estudo do meio no trabalho pedagógico que objetiva combater a evasão e assumir realmente o aluno representante dos grupos socioculturais existentes no extenso território brasileiro. São elas:

a) O estudo do meio, ao mesmo tempo em que veicula uma determinada concepção sobre a relação Homem/Sociedade (por vezes denominada meio, meio ambiente, realidade e até mesmo vida), organiza-se com a finalidade de explicitar essa relação.

A concepção que a técnica veicula, quando no contexto dos métodos ativos, refere-se ao papel da escola na relação indivíduo-meio através de expressões como: "... trazer a realidade para dentro de si, assumi-la..." (Balzan 1969, p. 106), "... conhecer e dominar o espaço que a rodeia..." (Hannoun 1977, p. 10), "... tomar contato com o complexo vivo que é o próprio meio..." (Balzan 1969, p. 106), "... mergulhar no meio ..." (Magaldi 1965, p. 106). A escola é entendida como a própria vida, mas há a necessidade de estudos fora da escola para se obter "experiências vivas e vivenciadas (...)" (Magaldi 1965, p. 70).

Na abordagem interdisciplinar proposta pelas pedagogias críticas (apesar de algumas divergências entre as mesmas), a educação é considerada "mediação no seio da prática social global" (Saviani 1986, pp. 80-81) e se realiza por intermédio do ensino, comprometido com a transformação social.

A técnica Estudo do Meio, em uma e outra teoria pedagógica, carrega, sem dúvida, concepções diferentes sobre a relação HOMEM/SOCIEDADE e sobre o papel da EDUCAÇÃO em geral e da EDUCAÇÃO ESCOLARIZADA em particular. Estudar o meio, o meio ambiente, a realidade, a vida (ou qualquer que seja o vocabulário escolhido), significa tentar encontrar elementos para melhor compreender a interação do homem com o mundo, o que se faz a partir de determinado ponto de vista ou enfoque teórico.

O resgate dessa técnica no contexto das pedagogias críticas baseia-se na possibilidade que se abre de estudo conjunto de uma determinada problemática, por disciplinas várias que se disponham ao difícil trabalho de superação da mera justaposição de conteúdos. A interdisciplinaridade requer "interpenetração de método e conteúdo" (Freitas 1989, p. 106), o que exige da equipe envolvida muito mais do que o simples planejamento de uma sequência de atividades para o estudo do meio; exige um esforço de afinidade teórica/didática/metodológica para o enfrentamento de problemas reais gerados na própria relação do homem *com* e *na* sociedade, com vistas a fins educacionais coerentes.

b) O estudo do meio é uma técnica de ensino que se realiza por meio da pesquisa.

Associar-se ensino a pesquisa, a despeito da crítica que Saviani fez a esse propósito (D. Saviani 1986, p. 49), resulta, sem dúvida, como uma grande contribuição da Escola Nova, berço dessa técnica. A problematização da prática social, em busca de compreensão mais elaborada da mesma, não se faz sem pesquisa de vários tipos. E não resta dúvida de que o ensino melhor se qualifica quando o profissional da escola entende de pesquisa em educação. Realizar estudo do meio é fazer pesquisa básica e aplicada nas várias formas necessárias, é utilizar instrumentos metodológicos diversos, registrar e interpretar a realidade propondo alternativas para as situações analisadas.

O meio não é, nem pode ser, apenas objeto de estudo distante da escola e do pesquisador. É a sua própria realidade, o seu mundo, "onde se vive" e onde a escola existe, é a sociedade que se deseja transformar, conforme o significado atribuído aos problemas detectados.

Atenta-se para o fato de que o pesquisador é o aluno, o professor das várias áreas do saber, o pedagogo, o docente e o estagiário dos cursos superiores, entre outros. A pesquisa deve ser desenvolvida de maneira conjunta, em situação de ensino, e para que o ensino alcance melhor qualidade.

No entendimento das duas premissas colocadas, toda e qualquer temática que se julgue oportuno abordar por meio da técnica Estudo do Meio deverá integrar-se à pesquisa ampla e conjunta da real relação Escola/Sociedade, na situação particular, contextual e histórica daquela instituição. Resulta disso que essa pesquisa se configura como o básico e imprescindível estudo do meio, que enfrentará a problemática fundamental da escola (e desta escola, em especial), na sociedade brasileira (e neste grupo sociocultural, em particular), na definição de fins educacionais que serão claramente definidos pela equipe escolar, uma vez que se explicite o projeto histórico de seus agentes.

É esta uma proposição ampla de uso da técnica em discussão. Não existirão temas isolados tratados por apenas algumas disciplinas. O ensino, que é a atividade central da escola, estará sendo planejado e avaliado em todos os aspectos pelo grande estudo do meio assumido por professores das diversas áreas, diretores e demais pedagogos, alunos dos vários níveis, demais funcionários da instituição, contando-se com a participação de docentes e estagiários do ensino superior bem como das delegacias de ensino e secretarias municipais de educação.

Tem-se observado um isolamento prejudicial das diversas instâncias administrativas no mesmo município, acompanhado pela segregação não menos maléfica de cada área do saber em cada instituição. A par desse fato, os grandes problemas permanecem e se agravam com a diluição de responsabilidades no seu enfrentamento.

Salvaguardada a necessária especialização do saber, todos os profissionais de educação e a população atendida (nas respectivas competências) devem estar envolvidos na busca de alternativas para a problemática educacional do País, na situação particular daquele município e daquela instituição. Parece ser esta a verdadeira problematização da prática social no sentido de serem gerados não apenas restritos estudos do meio, mas todo o direcionamento curricular a partir da definição clara das transformações pretendidas e dos fins da ação escolar. Pode-se indagar se dessa forma a técnica Estudo do Meio estará sendo utilizada como técnica de ensino. Tenta-se exemplificar com a sugestão da temática: "quem somos e por que estamos nesta escola", a ser assumida por todos. No tocante ao aluno, em situação de sala de aula, entre tantas outras possibilidades, existe a de ser iniciada a pesquisa dos grupos socioculturais ali representados, suas relações dialógicas de solidariedade, de reciprocidade, de convivência, seus valores, linguagem, expectativas com relação à educação escolarizada, bem como condições de escolaridade e trabalho.

Em níveis distintos de aprofundamento, outros profissionais e universitários estarão pesquisando a mesma temática, tentando construir conjuntamente o conhecimento necessário sobre a população escolar.

Interessante constatar-se que as expressões culturais de desenvolvimento e construção do conhecimento podem passar despercebidas pelo professor desatento e/ou desprovido dos recursos da pesquisa em educação.

Outros estudos do meio poderão envolver situações particulares mais específicas a determinadas áreas do saber. No entanto, serão gerados na problematização maior e conjunta (que é sugerida pela metodologia da interdisciplinaridade) da situação da escola pública brasileira no contexto social. Desde o início e durante todo o processo, o trabalho curricular é de todos, ensaiando-se a interpenetração de método e conteúdo.

Não se pode deixar de reconhecer a importância de estudos do meio dessa natureza na definição de projetos educacionais oportunos na realidade do País.

Quanto à evasão, não estarão ocultas as suas razões verdadeiras aos olhos da equipe escolar, dos próprios alunos e de quantos se sintam comprometidos nesse projeto histórico que encontra na melhoria do ensino e na escola de boa qualidade para todos imenso significado.

Bibliografia

ASSIS, R.A. de (1986). "É preciso pensar em educação escolarizada para crianças de 4 a 6 anos?". *Cadernos de Pesquisa* 59, novembro, São Paulo, pp. 66-71.

BALZAN, N.C. (1969). "Estudo do meio". *In:* CASTRO, A.D. de e outros. *Didática da escola média: Teoria e prática.* São Paulo: Edibell Ltda., pp. 99-107.

FELTRAN, R.C.S. (1990). *Orientação educacional na pré-escola.* Campinas: Papirus.

FREITAS, L.C. de (1989). "A questão da interdisciplinaridade: Notas para a reformulação dos cursos de pedagogia". *Educação e Sociedade*, ano X (33), agosto. São Paulo: Cortez, pp. 105-131.

GARCIA, W.E. (1984). "Desafios da educação brasileira". *Educação Hoje* 1(2), janeiro/março, Teresina, pp. 31-34. *In:* ARAÚJO FILHO, L.S. de (1984). "Rumos da educação brasileira". *Em Aberto*, ano IV (25), janeiro/março, Brasília, p. 15.

GUERRA, A.T. (1978). *Dicionário geológico-geomorfológico*. 6ª ed. Rio de Janeiro: IBGE.

HANNOUN, H. (1977). *El nino conquista el medio. Las actividades exploradoras en la escuela primaria*. Trad. de Juan Jorge Thomas. Buenos Aires: Kapelusz.

JAPIASSU, H. (1976). *Interdisciplinaridade e patologia do saber*. Rio de Janeiro: Imago.

KRAMER, S. (1982). *A política do pré-escolar no Brasil: A arte do disfarce*. Rio de Janeiro: Achiamé.

LOURENÇO FILHO (1963). *Introdução ao estudo da escola nova*. São Paulo: Editora Nacional.

MAGALDI, S. (1965). "O estudo do meio no curso ginasial". *Revista de Pedagogia*, ano XI (19-20), janeiro/dezembro, pp. 69-83. (Edição especial.)

REYNAUD, A. e outros (1986). *O espaço interdisciplinar*. São Paulo: Nobel. (Coleção Espaços)

ROCHA, A.B.S. (1984). "Reflexões sobre o ensino de 1º grau". *Educação Hoje* 1(1), janeiro/março, Teresina, pp. 26-30. *In:* ARAÚJO FILHO, L.S. de (1984). "Rumos da educação brasileira". *Em Aberto*, ano IV (25), janeiro/março, Brasília, p. 15.

SAVIANI, D. (1986). *Escola e democracia*. 14ª ed. São Paulo: Cortez e Autores Associados.

SARAIVA, T. "Pré-escolar: Urgência ou modismo". *Em Aberto*, ano I (4), Brasília, pp. 1-7.

SILVA, J.X. da e SOUZA, M.J.L. (1988). *Análise ambiental*. Rio de Janeiro: Editora UFRJ.

SOUTHERN (1972). "Vitalizing national resources education". *Journal of Environmental Education* 3(3), p. 29, *apud* TANNER, R.T. (1978). *Educação ambiental*. Summus: Edusp.

TANNER, R.T. (1978). *Educação ambiental*. Trad. de George Schlesinger. São Paulo: Summus, Edusp.

8
NOS LABORATÓRIOS E OFICINAS ESCOLARES: A DEMONSTRAÇÃO DIDÁTICA*

*Ilma Passos Alencastro Veiga***

Introdução

As considerações a respeito das técnicas de ensino apresentadas nos capítulos anteriores levaram-me a dedicar atenção ao processo de ensino que ocorre nos laboratórios e oficinas escolares, uma vez que não existem técnicas igualmente aplicáveis ao ensino de todas as disciplinas. Faz-se necessário que as técnicas voltadas para a aula nos laboratórios e oficinas escolares sejam alvo de uma análise mais aprofundada, por serem escassos os estudos sobre elas.

É função do professor organizar o processo de ensino, o que ele fará, evidentemente, recorrendo à escolha deliberada e intencional de determinadas formas, em detrimento de outras. Quando situo o professor

* Agradeço à colaboração dos professores Enio Mancini, da UFPel, e Maria Isabel da Cunha, também da UFPel e ex-supervisora pedagógica do ETFPel.

** Professora da Faculdade de Educação da Universidade de Brasília.

como o responsável pela escolha da forma de condução do processo de ensino, posso afirmar que ele está, na verdade, tomando decisões relativas à organização e execução do processo de ensino, vinculadas às finalidades sociopolíticas da educação.

O conhecimento das técnicas de ensino, entretanto, exige que sejam envidados esforços no sentido de levar os professores a buscar informações acerca dos antecedentes históricos das mesmas, de pressupostos que servem de respaldo à sua concepção, às suas etapas, aos recursos materiais auxiliares necessários, aos seus limites e às suas possibilidades.

Este artigo focaliza, de modo particular, uma técnica de ensino muito empregada nos laboratórios e oficinas escolares e que parece ser relevante para o desenvolvimento do processo ensino-aprendizagem.

Recentes estudos sobre o enfoque do papel da didática, a partir dos pressupostos da pedagogia histórico-crítica, estão começando a identificar aspectos que devem ser encaminhados pelos professores, quando estes passam a se preocupar com a seleção das técnicas de ensino.

Não acreditando na excelência de uma técnica de ensino em si mesma, faço aqui algumas considerações a respeito da sua demonstração, de forma que o leitor possa assim dimensionar as possibilidades e limitações do emprego de tal técnica no ensino de sua disciplina, dentro das condições concretas da escola onde trabalha.

1. A demonstração didática: Origem e principais manifestações

A demonstração como técnica de ensino teve sua origem ligada à Didática Tradicional, principalmente por ser considerada como uma modalidade de exposição, "mais lógica e coerente, ou mesmo concreta, em que se procura confirmar uma afirmativa ou um resultado anteriormente enunciado" (Nérici s.d., p. 368). Assim, a demonstração, em sua forma mais tradicional, é uma técnica usada para comprovar afirmações, provar por meio do raciocínio, demonstrar um conceito, um teorema. A ênfase recai nos exercícios, na repetição de conceitos ou fórmulas, na memorização que visa a disciplinar a mente e formar hábitos (Libâneo 1985, p. 24).

A didática escolanovista, ao valorizar as experiências – a pesquisa, a descoberta, o estudo do meio, a solução de problemas, o estudo dirigido – aceita o emprego da exposição oral e da demonstração; tendo em vista certas condições pedagógicas, e quando aplicada de forma mais discreta, ou seja, com limites reduzidos, como instrumento para animar a criança e provocar a atitude contemplativa (Aguayo 1932, p. 132).

Ao tecer comentários sobre os modos de se empregar a exposição oral e a demonstração, na visão da escola nova, Aguayo (1932, p. 133) afirma:

> É também útil a exposição do mestre, quando anima os alunos a executarem um trabalho que exige orientação muito clara e definida, como a compreensão e uso de um mapa, a maneira de utilizar uma fonte histórica, a redação de um paralelo entre duas épocas ou entre duas personagens. (...) Esse processo é também aplicável em Aritmética e nas Ciências Naturais, quando, por exemplo, os alunos vão fazer uma experiência de Física ou de Química (...)

Vê-se, pois, que o comentário do autor não deixa margem a dúvidas quanto ao emprego da exposição oral articulada com a demonstração em diferentes campos do conhecimento.

A demonstração, como técnica de ensino, também sofre as influências do tecnicismo. O trabalho nos laboratórios e oficinas torna-se mecanicista. Só o programado é desejável. A eficiência é muito mais valorizada do que a criticidade e o espírito criativo. Em algumas demonstrações observadas por mim e pelos professores do curso de Didática para o Ensino Tecnológico,[1] o conteúdo foi dividido

---

1. Curso de Especialização em Educação Tecnológica, ministrado pelo Cefet-RJ, em convênio com a Senete/MEC, para técnicos da Secretaria de Educação Tecnológica

em partes ordenadas numa sequência lógica, a serem estudadas pelos alunos por meio do estudo individualizado ou em grupos. Os alunos receberam os materiais escritos antecipadamente – folhas de instrução, módulos instrucionais etc. –, contendo as informações tecnológicas ou operacionais, elaboradas por uma equipe de especialistas. O depoimento de um professor, registrado no relatório de observação de uma outra escola, evidencia a substituição do material escrito por uma breve exposição, registrando no quadro de giz os passos da nova operação a ser apresentada à turma.

Somente após o estudo das folhas de instrução ou da aula expositiva, a demonstração foi realizada pelo professor e executada pelo aluno. A avaliação permeia todo o processo, com pré-testes e pós-testes, também elaborados pela equipe de especialistas e não pelos professores.

Sob essa ótica, o papel do professor é o de um mero executor de uma parcela da tarefa necessária à obtenção dos objetivos comportamentais definidos por outros. O aluno ocupa uma posição secundária. Há uma inversão no processo pedagógico em que a técnica determina o fim. Perde-se a visão do todo, uma vez que o processo foi fragmentado, parcelado. Professores e alunos são relegados à condição de meros executores de uma "demonstração", cujo preparo e controle ficaram a cargo de uma equipe de especialistas. Nesse sentido, é "o processo que define o que professores e alunos devem fazer, e assim também quando e como farão" (Saviani 1983, p. 17).

O aluno deixa de se relacionar com o professor para se relacionar com o recurso tecnológico (fascículo instrucional, folhas-tarefa, folhas de operação etc.). Assim, acentua-se o autoritarismo na sala de aula, uma vez que há padronização do meio instrucional. Dessa forma, o trabalho nos laboratórios e oficinas escolares torna-se mecanicista e tecnicizado. A obediência e o silêncio são muito mais valorizados do que a criticidade e a criatividade.

---

do MEC. (Relatório de observação dos professores/alunos matriculados na disciplina Didática da Educação Tecnológica.)

Com essas características, a demonstração didática deixa clara a ideia de metodologia de ensino como lógica formal, desprovida de conteúdo – estática e instrumental. Deixa também a ideia de totalidade como harmonia das partes, sem contradições ou conflitos. Assim, a proposta tecnicista introduziu na educação o parcelamento das tarefas e reduziu a metodologia de ensino a uma aplicação mecânica de técnicas preestabelecidas.

As observações de sala de aula (laboratórios e oficinas) revelaram que alguns professores utilizam essa concepção de uma forma inconsciente, sem perceber suas vinculações com a Tecnologia Educacional e suas implicações práticas que racionalizam o processo educativo em todas as suas formas e níveis. Analisar e compreender as relações entre as técnicas de ensino – e os demais componentes da ação didática e suas articulações – com as finalidades sociopolíticas da educação é o caminho possível a ser utilizado para uma melhor compreensão da demonstração didática a serviço de uma prática pedagógica crítica e criativa.

2. A demonstração didática: Fundamentos teóricos

Alguns pressupostos são tomados como fundamentos teóricos, já explicitados por outros autores e aceitos neste estudo sobre a técnica da demonstração didática.

O primeiro diz respeito à própria natureza humana, ou seja, a dimensão humana do processo educativo, que não é estática nem definitiva, por ser produto das relações sociais historicamente determinadas. A natureza humana é ativa. Vive determinadas relações sociais de produção, num determinado momento histórico. Professor e aluno como seres humanos, individuais e sociais ao mesmo tempo, assumem o papel de sujeitos do processo de ensino-aprendizagem. É no contexto das relações sociais que professor e aluno se relacionam, realizando assim o processo educativo.

Nesse sentido, deve-se ver o aluno por intermédio de sua situação concreta atual e pela classe a que pertence. O aluno como ser concreto e histórico, situado no tempo e no espaço, proveniente dos mais distintos meios socioculturais, com valores, expectativas, interesses e experiências decorrentes de suas condições concretas de vida e, muitas vezes, de trabalho, que não poderão ser ignoradas pelo professor; devendo, dessa maneira, ser encarado como coparticipante do processo educativo, ou seja, como sujeito do seu processo de aprender. Portanto, esse aluno, que tem uma configuração própria, deve ser visto sob a ótica de uma proposta progressista de educação.

O professor é visto como educador que direciona e conduz o processo de ensino. Trabalha junto com o aluno sua realidade concreta. Abre perspectivas a partir dos conteúdos curriculares. Cabe, pois, ao professor proporcionar aos alunos a "passagem do plano de satisfação individual ao plano das experiências coletivas" (Correa 1990, p. 121).

Dessa forma, o trabalho do professor é caracterizado por duplo movimento: continuidade de experiência trazida pelo aluno e ruptura dessa experiência, propiciando-lhe uma visão mais elaborada do conhecimento. E, à medida que o professor contribuir para formar no aluno o pensamento crítico e criador – preocupando-se não apenas com a capacidade do aluno de memorizar e reproduzir informações tecnológicas e científicas, mas também de produzir conhecimentos – ele estará dando sua parcela de contribuição para que seus alunos busquem soluções para os problemas detectados e que essa experiência, ao mesmo tempo, os habilite para enfrentar outros. Daí a necessidade de se desenvolver no aluno um maior número de habilidades para explorar um problema novo que o conduzam a sua compreensão e solução.

O segundo pressuposto diz respeito à relação teoria e prática, que deverá ser o fim a que se propõe o professor. Teoria sem ser mera contemplação, mas como guia da ação. A prática sem ser mera aplicação da teoria, mas a prática vista como a própria ação guiada e mediada pela teoria.

A unidade entre a teoria e a prática é assegurada pela simultaneidade e reciprocidade, pela autonomia e dependência de uma em relação à outra.

É necessário, no entanto, compreender essa relação como processo por meio do qual se constrói o conhecimento.

Para que se efetive a unidade entre a teoria e a prática, é necessária uma experiência vivida. O aluno constrói, com a colaboração do professor e dos conteúdos ministrados, sua própria visão do mundo, de maneira concreta, a partir de sua experiência. Nesse sentido, há necessidade de se buscar a superação da dicotomia entre o processo e o produto que, muitas vezes, se verifica na atividade de ensino-aprendizagem, bem como entre o trabalho intelectual e o trabalho prático.

Esses polos são muitas vezes colocados de forma contraposta, quando deveriam caminhar para uma forma articulada de tratar essas questões. E, à medida que esse propósito puder ser atingido, a prática nos laboratórios e oficinas escolares tornar-se-á cada vez mais consistente por estar fundamentada pela teoria. Esta, por sua vez, estará mais ligada à realidade concreta do aluno e do professor e às condições reais de trabalho e estudo. É na confluência da prática e da teoria que muitos caminhos poderão ser delineados.

O terceiro pressuposto refere-se à relação entre a dimensão técnica e a dimensão política do processo educativo. A relação técnico-política deve ser também compreendida e consistentemente trabalhada de forma articulada. Trata-se de dirigir intencionalmente a relação entre o técnico e o político, da atividade escolar ou acadêmica, em virtude dos objetivos enunciados. Tal atitude quer dizer que essa relação é efetivada na própria ação educativa, que ocorre nos laboratórios e oficinas escolares. A ação educativa não é um ato isolado. É um ato inserido no conjunto das relações sociais e é orientada para uma finalidade. A ação educativa deve ser questionada em virtude do objetivo ao qual serve.

Cabe ao professor questionar não só "o quê" do conteúdo a ser ensinado, mas também "o como" se pretende ensinar esse conteúdo. "E mais ainda: questionar 'o quê' e 'o como' em função de quais interesses. Enfim, questionar sua prática pedagógica em função dos objetivos pedagógicos e sociais aos quais ele serve" (Veiga 1989, p. 70).

Essa é uma tarefa ao mesmo tempo técnica e política, porque a integração desejada entre o conteúdo e a forma, objetivos e fins, nasce do contexto – com a escola que temos – da relação democrática entre professor e aluno, do cotidiano das oficinas e laboratórios escolares, e da análise da própria prática pedagógica.

É preciso estar atento para não transformar as atividades de laboratórios e oficinas escolares em rotineiras, mecânicas e repetitivas, que assim poderiam provocar a limitação do conteúdo, propiciando o ativismo pragmatista que nem sempre atende aos interesses dos alunos e aos objetivos pedagógicos e sociais aos quais serve ou deseja servir.

3. Concepção, modalidades, objetivos

No dicionário da Língua Portuguesa de Aurélio Buarque de Holanda, a palavra latina *demonstratione* aparece como:

"Ato de demonstrar. Tudo que serve para provar qualquer coisa. Lição prática e experimental".

Essa definição já necessita de algumas especulações em torno do termo "demonstração", que implica atividade e iniciativa do professor e do aluno.

Basicamente, a demonstração visa a mostrar como se faz uma tarefa, uma operação, envolvendo ação com materiais diversos – ferramentas, equipamentos e máquinas – demonstrar conceitos, teoremas, comprovar afirmações etc. É uma técnica de ensino que leva em conta os interesses dos alunos, os ritmos de aprendizagem. Como instrumento de análise de um determinado fenômeno, como técnica de ensino, a demonstração didática não é um instrumento neutro, isolado e autossuficiente.

A demonstração permite que o professor perceba o aluno como sujeito de seu processo de aprender, uma vez que ele coloca ênfase na atividade do estudante, sua participação, sua iniciativa e responsabilidade na execução de um determinado projeto de trabalho, tarefa ou operação, e na proposição de soluções.

Vista desse modo, a demonstração didática não é encarada como uma técnica neutra. Ela pressupõe um posicionamento diante da realidade que se pretende conhecer e alterar.

Segundo Nérici (s.d., p. 369), a demonstração didática pode ser classificada em:

- Intelectual – realizada por encadeamento lógico de provas e raciocínios;
- Experimental – quando a comprovação é feita por experiências;
- Documentária – quando a comprovação é feita por meio de fatos históricos ou devidamente documentados;
- Operacional – quando se baseia em técnica de trabalho, com auxílio, ou não, de instrumentos, máquinas e equipamentos.

Embora essas modalidades sejam de fundamental importância, o presente artigo visa a identificar as características da demonstração didática do tipo operacional, mais adequada às aulas práticas de laboratórios e oficinas escolares e, de certa forma, às aulas de Educação Física e Educação Artística.

Para Wilber, a demonstração didática de cunho operacional poderá despertar os sentidos. O parágrafo a seguir é extremamente esclarecedor a respeito:

> O aluno não só vê o que está acontecendo, como também escuta o barulho feito pela serra, pela batida do martelo ou pela máquina em funcionamento; sente o cheiro das aparas de madeira e do óleo de corte e, pelo tato, percebe se uma superfície está bem lisa ou se uma junta está bem certa. Mais ainda, a atenção do aluno pode ser dirigida para os pontos mais importantes a serem observados com maior cuidado. (Wilber 1966, p. 111)

A técnica da demonstração é muito versátil e o professor pode fazer uso dela para alcançar diferentes objetivos, principalmente os ligados aos conhecimentos tecnológicos, científicos etc. Nesse sentido, a demonstração tem por objetivos:

- propiciar a articulação da prática com o conhecimento teórico;
- aprofundar e consolidar conhecimentos;
- confirmar explicações orais e escritas, tornando-as mais reais e concretas;
- ilustrar o que foi exposto, discutido ou lido;
- estimular a criticidade e a criatividade;
- aplicar técnicas de trabalho ou executar determinada tarefa ou operação com o auxílio de ferramentas, instrumentos, máquinas ou aparelhos diversos;
- desenvolver habilidades psicomotoras necessárias às situações de vida profissional;
- propor alternativas para resolver problemas.

4. Etapas da demonstração

Apresentar o que poderia ser chamado de "regras" para a utilização da técnica de demonstração representa sempre um risco de simplificação. Entretanto, atendendo ao caráter didático do presente estudo, assumo esse risco e apresento algumas orientações fundamentais necessárias ao emprego da demonstração nos laboratórios e oficinas escolares. Não se trata, portanto, de normas rígidas e definitivas.

A demonstração compreende três etapas interligadas que são: preparação, realização e avaliação. A primeira – a preparação – envolve algumas atividades preliminares como: definição dos objetivos; organização do conteúdo e respectivos passos do processo a ser demonstrado; previsão das atividades dos alunos, sua disposição e participação, seleção, agrupamento e disposição na ordem de utilização dos diversos tipos de materiais.

Uma vez selecionados e reunidos, os materiais devem ser dispostos nos locais apropriados. No caso da utilização de máquinas e equipamentos diversos é conveniente verificar se estão bem ajustados e prontos para uso.

Cabe ao professor, ou à equipe de professores da mesma área, a seleção de materiais já escritos (livros, textos, artigos etc.) e a elaboração de outros, tais como: folhas de instrução ou de atividades (folhas de trabalho, de operação, de informações tecnológicas, de tarefas, de projetos), roteiros de Estudo Dirigido, orientação para Estudo de Texto, que auxiliem os alunos no preparo de sua demonstração.

O professor poderá empregar a técnica da exposição oral quando não houver possibilidade de contar com o material escrito (textos, artigos de revistas e periódicos, livros, folhas de instrução) e audiovisual, para que os alunos possam realizar seus estudos previamente.

A demonstração pode ser feita para a turma inteira, para um pequeno grupo e individualmente. Tendo em vista as condições reais e concretas da escola é mais aconselhável dividir a turma em pequenos grupos, a fim de evitar aglomerações num laboratório ou oficina, muitas vezes desprovidos de equipamentos suficientes para atender a um grande número de alunos. É importante que a demonstração efetivada pelo professor seja vista por todos. Isso justifica também a divisão da turma em grupos e a realização dessa atividade em rodízio.

Quanto à demonstração individual é importante que o professor situe onde estão as dificuldades do aluno e repita alguns passos da demonstração anteriormente realizados.

Alguns professores, levando em conta o horário disponível para as aulas em laboratórios e oficinas escolares, muitas vezes subdividem a demonstração em partes significativas, cabendo, cada uma, em uma aula. Quando há previsão de horários conjugados, a demonstração é ajustada ao tempo estabelecido e não se deixa parte da mesma para outra aula.

Um estímulo importante para enriquecer a demonstração diz respeito à utilização de recursos didáticos. Há professores que costumam fazer no quadro de giz os esboços e desenhos necessários à ilustração da demonstração.

Outros utilizam cartazes, fotografias, mapas, gráficos, projeções em epidiascópio (material opaco), em retroprojetor (material transparente) e até mesmo televisão, filmes, *slides*, videoteipes e videocassete. Outros mais precavidos costumam ter à mão algumas peças e objetos semiacabados para serem mostrados aos alunos. Assim, o aluno poderá compreender melhor a demonstração feita pelo professor e executar sua tarefa prática correspondente, ou a sua própria demonstração.

Tive oportunidade de observar em uma escola a preocupação de um professor em verificar se tudo estava em ordem antes da chegada do aluno, inclusive as condições de segurança do laboratório ou oficina, as ferramentas manuais e mecânicas, máquinas e equipamentos.

Compete ao aluno, nessa primeira etapa, realizar antecipadamente, ou não, o estudo do assunto da demonstração. É o momento em que o aluno entra em contato com o tema. Ele estuda os materiais escritos já citados, ou assiste a uma aula expositiva em que o professor explica o "para que fazer", o "que fazer", o "como fazer" e o "com que fazer", para então planejar a atividade ou tarefa a ser executada na oficina, após a demonstração do professor.

A segunda etapa é a da demonstração propriamente dita. Feitos todos os preparativos, o professor está pronto para realizar a demonstração. É a etapa em que o professor vai apresentar a tarefa, operação ou atividade nova ao aluno.

Consoante à literatura consultada, essa é a etapa em que o professor realiza para os alunos, ou aluno, todos os passos de uma operação, já estudada previamente ou não, por meio de uma variedade de técnicas. Essa etapa compreende dois momentos: a demonstração realizada pelo professor e a execução da tarefa, operação, ou a realização da demonstração pelo aluno.

A demonstração propriamente dita exige do professor uma série de incumbências como: explicitar os objetivos da demonstração; apresentar o roteiro da demonstração para que o aluno tenha uma visão global da atividade, favorecendo a compreensão lógica do conteúdo; explicar os mecanismos básicos da demonstração que vai realizar, salientando os pormenores mais importantes a serem observados ou reforçando certas informações tecnológicas, científicas, essenciais para se compreender a demonstração e aprender novas operações; e insistir na observância das normas de segurança. Em seguida, inicia a demonstração em ritmo que permita aos alunos acompanhá-lo, ilustrando com os recursos disponíveis, interrogando-os, explicando o que está fazendo, reforçando a explicação sobre a parte que não ficou clara e relacionando-a com o objeto de estudo como um todo, confirmando explicações, tornando-as mais reais e concretas, estimulando a criticidade e criatividade. Enfim, clareia conceitos, princípios, utilizando exemplificações, resultados de pesquisas e estudos, estabelecendo relação entre causa e efeito, fazendo analogias, reconhecendo e valorizando a originalidade.

As aulas de demonstração assistidas por mim foram sempre acompanhadas por explicações do professor sobre como executar a operação ou atividade que estava sendo ensinada. Alguns professores procuravam relacionar o novo conhecimento com aquilo que o aluno já sabia, estabelecendo relações do conteúdo com outras áreas do currículo, interrompendo a demonstração para dirigir perguntas provocativas e estimulantes aos alunos, reforçando respostas e explicações, enfim, recapitulando pontos-chave da operação ou atividade. Em todos os casos observei a preocupação dos professores com o clima favorável nos laboratórios e oficinas escolares e com a participação dos alunos.

O momento da execução da operação, tarefa ou atividade pelo aluno implica pôr em prática aquilo que se estudou e assistiu. Quando possível, o aluno deve realizar a demonstração depois de completada pelo professor.

A execução da tarefa pelo aluno deve ser orientada de modo que favoreça a fixação dos conhecimentos tecnológicos e científicos, alicerçando assim sua aprendizagem, propiciando também o desenvolvimento de habilidades psicomotoras necessárias ao exercício profissional.

É importante acrescentar que a realização da operação, ou tarefa, pelo aluno não se deve prender à mera repetição do que foi demonstrado pelo professor. Cabe ao aluno questionar não só a tarefa a ser realizada como também o conteúdo, os procedimentos e equipamentos empregados para a sua execução.

O fato de o professor empregar a indagação e o questionamento como formas de conduzir a aula provoca nos alunos uma disponibilidade maior de participar com suas próprias questões e dúvidas a fim de atingir os objetivos propostos. O aluno precisa ter chances para expor suas ideias, falando ou escrevendo, levantar questões, elaborar e testar hipóteses, discordar, argumentar, propor soluções, corrigir e avaliar a sua aprendizagem. Em síntese, o aluno deve ser estimulado e encorajado a refletir, experimentar, manipular aparelhos e equipamentos a fim de explorar e inovar, sem medo do fracasso e da crítica.

Há necessidade de o professor estar observando a realização das tarefas ou operações dos alunos a fim de examinar se as mesmas estão sendo feitas corretamente, bem como obter cooperação de seus alunos na conservação do bom estado dos laboratórios e oficinas, para não comprometer as normas de higiene e segurança. Ao professor compete desenvolver em seus alunos hábitos que conduzam à segurança, evitando com isso riscos no trabalho.

Embora apareça como terceira etapa, a avaliação acontece em todos os momentos da demonstração. O ponto crucial dessa avaliação é assegurar a qualidade do julgamento, cujas consequências podem representar avanço, retrocesso, ou melhor, uma revisão no emprego da técnica, bem como da demonstração executada, tanto pelo professor, quanto pelo aluno. Rejeita-se a ideia da avaliação voltada para a obtenção de produtos previamente determinados por objetivos comportamentais, com a repetição mecanicista da tarefa sem uma relação direta com o processo de ensino-aprendizagem como um todo.

Convém lembrar que é necessário fazer também uma apreciação acurada das dificuldades e progressos dos alunos.

Alguns professores têm procurado tornar mais significativos os relatórios sobre o progresso dos alunos, utilizando, para tanto, uma ficha-resumo contendo diversos aspectos que foram observados ao longo do processo ensino-aprendizagem, por intermédio do emprego da técnica da demonstração. Outros professores costumam solicitar dos alunos a elaboração desses relatórios.

E para concluir...

Com esta breve reflexão, penso ter evidenciado que a demonstração didática não é uma técnica neutra, pronta e acabada, desvinculada do ato educativo, que ocorre nos laboratórios e oficinas escolares, e de suas contradições.

Por outro lado, a demonstração didática não é uma técnica de transmissão de um conteúdo livresco, definido *a priori*. Ela envolve a atividade conjunta de dois agentes que participam do processo ensino-aprendizagem: professor a aluno.

A demonstração é empregada para ajudar a buscar explicações para os problemas levantados no cotidiano da sala de aula. Ela propicia a vivência, a reflexão e a sistematização dos conteúdos tecnológicos e científicos, favorecendo a incorporação das experiências dos alunos às atividades educacionais, tornando-as significativas.

Vale ressaltar, ainda, que aquilo que acontece na sala de aula, bem como no processo educativo como um todo, não está isento das implicações sociais. Sou obrigada a admitir, portanto, que no cotidiano da sala de aula, no ato educativo, existem possibilidades de uma ação política que visa à formação de homens comprometidos com a transformação social.

Bibliografia

AGUAYO, A.M. (1932). *Didática da escola nova.* 14ª ed. Trad. por J.B. Damasceno Penna e Antônio D' Avila. São Paulo: Companhia Editora Nacional.

ALENCAR, Eunice Doriano de (1986). *Psicologia da criatividade*. Porto Alegre: Artmed.

BOULOS, Yara (1977). *O planejamento das estratégias de ensino: Considerações básicas*. Brasília: Ministério da Educação e Cultura, Departamento de Ensino Médio.

CUNHA, Maria Isabel (1989). *O bom professor e sua prática*. Campinas: Papirus.

CASTRO, Amélia Domingues *et al.* (1972). *Didática para a escola de 1º e 2º graus*. 2ª ed. São Paulo: Editora Edibell Ltda.

COLS, Susana Avalio de (1977). *Conducción del aprendizage*. Buenos Aires: Marymar.

CORRÊA, Ayrton Dutra (1990). "A escola progressista". *In:* RAYS, Oswaldo Alonso (coord.). *Leituras para repensar a prática educativa*. Porto Alegre: Sagra.

KALIL, Nagib L. (1972). *O Senai e sua metodologia de ensino*. 2ª ed. Rio de Janeiro: Senai, DN/DE.

KIDD, Donald M. e LEIGHBODY, Gerald B. (1964). *Prática de oficina: Metodologia*. Trad. por J.B. Salles Silva. Brasília: Ministério da Educação e Cultura, Diretoria do Ensino Industrial.

LEIGHBODY, Kidd (1977). *Métodos para o ensino profissionalizante*. São Paulo: EPU.

LIBÂNEO, José Carlos (1985). *Democratização da escola pública: A pedagogia crítico-social dos conteúdos*. São Paulo: Loyola.

MAGER, Robert F. e BEACH, Kenneth M. Jr. (1973). *La formación profesional: Desarrollo de un curso sistemático*. Madri: Marova, S.L.

MINISTÉRIO DA EDUCAÇÃO. SECRETARIA NACIONAL DE EDUCAÇÃO TECNOLÓGICA (1990). Curso de especialização ministrado pelo Cefet-RJ em convênio com a Senete-MEC. *Relatório de observação*, dos professores/alunos matriculados na disciplina Didática de Educação Tecnológica, ministrado pela profa. Ilma Passos Alencastro Veiga, Brasília.

NÉRICI, Imideo (s.d.). *Introdução à didática geral*, vol. 1. 13ª ed. Rio de Janeiro: Editora Científica.

PARO, Vitor Henrique (1979). *Escola e formação profissional: Um estudo do sistema regular de ensino e a formação de recursos humanos no Brasil*. São Paulo: Cultrix, Fundação Carlos Chagas.

RONCA, Antônio Carlos Caruso e ESCOBAR, Virginia Ferreira (1980). *Técnicas pedagógicas: Domesticação ou desafio à participação*. Petrópolis: Vozes.

SAVIANI, Dermeval (1983). *Escola e democracia*. São Paulo: Cortez/Editores Associados.

SENAI, Rio de Janeiro. Departamento Nacional (1984). *Metodologia de ensino: método de instrução individualizada*. 2ª ed. Rio de Janeiro: Senai/DN/DET,

________ (1990). *Costureiro industrial*. Goiás: Senai – Departamento Regional.

________ (1984). *Metodologia de ensino: Avaliação da aprendizagem*. 2ª ed. Rio de Janeiro: Senai/DN/DET.

________ *Metodologia de ensino: Estudo da tarefa através de módulos instrucionais*. 2ª ed. Rio de Janeiro: Senai/DN/DET.

________ (1984). *Metodologia de ensino: Execução da tarefa pelo aluno*. 2ª ed. Rio de Janeiro: Senai/DN/DET.

________ *Metodologia de ensino: Estudo da tarefa através da série metódica operacional*. (Estudo individual.) 2ª ed. Rio de Janeiro: Senai/DN/DET.

________ (1984). *Metodologia de ensino: Demonstração*. 2ª ed. Rio de Janeiro: Senai/DN/DET.

VEIGA, Ilma Passos Alencastro (1989). *A prática pedagógica do professor de didática*. Campinas: Papirus.

WACHOWICZ, Lilian Anna (1989). O *método dialético na didática*. Campinas: Papirus.

WARREN, Hugh Alan (1973). O *ensino técnico e profissional: Um estudo comparativo da situação atual e das tendências futuras em dez países*. Trad. por Ana Maria Dias Monteiro. Rio de Janeiro: Fundação Getúlio Vargas.

WEAVER, G.G. *et al.* (1964). *Oficinas escolares: Organização e direção*. 3ª ed. Brasília: Ministério da Educação e Cultura, Diretoria do Ensino Industrial.

WILBER, Gordon O. (1966). *As artes industriais na educação geral*. Trad. por Virgílio Cavalcanti. Rio de Janeiro: Livraria Freitas Bastos S.A.

OS AUTORES

Antonia Osima Lopes nasceu em Terezina (PI). Realizou seus estudos ali, formando-se professora primária pelo Instituto de Educação Antônio Freire e licenciando-se em Pedagogia pela UFPI. É mestre em Educação na área de metodologia de ensino pela Unicamp. Foi professora de Didática e de Prática de Ensino do Instituto Antônio Freire e da UFPI. Atualmente é assessora pedagógica no Centro de Ciências Agrárias da UFPI. É coautora do livro *Repensando a didática*.

Antônio Feltran Filho nasceu em São Paulo (SP). Licenciou-se em Geografia pela Faculdade de Filosofia, Ciências e Letras da USP em 1970. É mestre em Geografia pelo Instituto de Geociências e Ciências Exatas da Unesp "Júlio de Mesquita Filho", *campus* de Rio Claro, e doutor em Geografia Física pelo Instituto de Geografia da USP. Atuou como professor de Geografia em escolas de ensino fundamental e médio do estado de São Paulo e como professor universitário de Geografia e disciplinas correlatas em Institutos de Ensino Superior. Atualmente é docente do Departamento de Geografia da Universidade Federal de Uberlândia (MG).

Ilma Passos Alencastro Veiga (org.) nasceu na cidade de Goiás (GO). Realizou seus estudos em Goiânia (GO) e Belo Horizonte (MG), formando-se professora primária pelo Instituto de Educação de Goiás. Licenciou-se em Pedagogia pela UCG e PUC-MG, e em Educação Física pela Escola Superior de Educação Física de Goiás (Esefego). Tem mestrado em Educação, na área de currículo, pela

UFSM-RS, e doutorado em Educação, na área de metodologia de ensino, pela Unicamp. É professora emérita da Universidade de Brasília (UnB), professora titular da Faculdade de Ciências da Educação e Saúde do Centro Universitário de Brasília (UniCeub) e pesquisadora sênior do CNPq. É autora, organizadora e/ou coautora de diversos livros, dentre os quais: *A prática pedagógica do professor de didática*, *Repensando a didática*, *Escola: Espaço do projeto político-pedagógico*, *Currículo e ensino*, *Projeto político-pedagógico da escola: Uma construção possível* e *As dimensões do projeto político-pedagógico: Novos desafios para a escola*.

Jorcelina Queiroz de Azambuja nasceu em Campina Verde (MG). Licenciou-se em Letras (Português-Inglês) e Pedagogia. É especialista em Filosofia da Educação, Língua Portuguesa e Linguística pela UFU. Foi professora de ensino fundamental e médio e atualmente leciona Leitura Crítica e Introdução aos Estudos Linguísticos no Departamento de Letras da UFU.

José Carlos Souza Araujo nasceu em Arceburgo (MG). Bacharelou-se em Filosofia pelo Instituto Estigmatino de Campinas (SP) e em Teologia pela Faculdade Nossa Senhora de Assunção (SP). É também licenciado em História pela PUC-Campinas, mestre em História Social pela USP e doutor em Educação, na área de filosofia e história da educação. Atualmente é professor de Filosofia da Educação e membro do colegiado do curso de mestrado em Educação da UFU. É coautor do livro *Sala de aula: Que espaço é esse?*, além de ter traduzido obras de García Calderon e de Pierre Chauner, dentre outros.

Maria Eugênia Castanho formou-se professora primária pelo Instituto de Educação Carlos Gomes de Campinas e em Pedagogia pela PUC-Campinas. Mestre e doutora em Educação pela Unicamp, na área de metodologia do ensino, atuou na Unimep e na PUC-Campinas. Pesquisadora do CNPq e do HISTEDBR/Unicamp, tem experiência com ênfase em ensino superior, especialmente sobre os desafios da aula e da pedagogia universitária. É membro do Instituto Histórico, Geográfico e Genealógico de Campinas (SP) e tem várias publicações pela Papirus Editora como autora, coautora e organizadora.

Maria Letícia Rocha de Souza nasceu em Terezina (PI). É licenciada em Letras (Português-Francês) pela UFMG. Especializou-se em Língua Portuguesa e Redação no Prepes da PUC-MG. Foi professora de ensino fundamental e médio e, atualmente, leciona Leitura Crítica de Texto e Prática de Ensino em Língua Portuguesa no Departamento de Letras da UFU.

Regina Célia de Santis Feltran nasceu em Itobi (SP). Licenciou-se em Pedagogia pela USP, especializando-se em Orientação Educacional. É mestre em Educação pela Unicamp e doutora pela Faculdade de Educação da USP. Foi professora da Universidade Federal de São Carlos e da Universidade Federal de Uberlândia, atuando nas licenciaturas e no curso de mestrado em Educação Brasileira. A partir de 1997, tornou-se professora do curso de mestrado em Educação no Centro Universitário do Triângulo (Unit) em Uberlândia, onde atualmente dirige o Núcleo de Educação a Distância. É autora do livro *Orientação educacional na pré-escola* e organizadora e coautora de *Avaliação na educação superior*.

Especificações técnicas

Fonte: Times New Roman 11 p
Entrelinha: 14 p
Papel (miolo): Offset 75 g/m²
Papel (capa): Cartão 250 g/m²